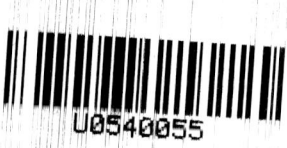

尊貴的 第十二世蘇曼噶旺仁波切。

༄༅། །ཞབས་བརྟན་གསོལ་འདེབས། །

噶旺仁波切長壽
暨蘇曼傳承擴大永長存祈請文

རབ་འབྱམས་རྩ་གསུམ་སྤྱི་དང་ཁྱད་པར་དུ།
扃姜 紮送 吉倘 切巴突
廣闊三根總集且殊勝，

།འཆི་མེད་ཚེ་ལྷ་རྒྱ་མཚོའི་མཐུ་བྱིན་གྱིས། །
契美 策拉 嘉翠 突欽吉
無死長壽海佛所加持，

གར་དབང་ཆོས་སྐྱོང་བསྟན་པ་རྣམ་རྒྱལ་མཆོག
噶旺 卻炯 滇巴 南嘉秋
噶旺秋炯滇巴南嘉尊，

།ཞབས་པད་བརྟན་ཅིང་ལས་རྒྱས་གྱུར་ཅིག །
暇悲 滇淨 慶咧 傑秋吉
長壽久住祈願增事業，

དཔལ་ལྡན་བླ་མའི་ཞབས་པད་བརྟན་པ་དང་།
巴滇 喇美 暇悲 滇巴倘
俱足功德上師長住世，

།མཁའ་མཉམ་ཡོངས་ལ་བདེ་སྐྱིད་འབྱུང་བ་དང་། །
卡釀 雍拉 喋吉 炯哇倘
等空如母有情得喜樂，

བདག་གཞན་མ་ལུས་ཚོགས་བསགས་སྒྲིབ་སྦྱངས་ནས།
達賢 瑪呂 措薩 知姜涅
自他無餘所積二資糧，

།མྱུར་དུ་སངས་རྒྱས་ས་ལ་འགོད་པར་ཤོག །
紐突 桑傑 薩拉 皈巴修
淨化二障速證佛果位。

རྣམ་འདྲེན་མཉམ་མེད་ཁྱབ་བདག་རྡོ་རྗེ་འཆང་།
南真 釀美 洽達 多傑羌
引導無等金剛總持尊，

།དམ་ཆོས་ཡོངས་སྙིང་རྒྱུད་སྡེ་རྣམ་པ་བཞི། །
唐卻 雍寧 居喋 南巴息
一切正法心要四部續，

འདུས་པ་དམ་པ་རིག་འཛིན་ཌཱ་ཀིའི་ཚོགས། །བསྟན་པ་འཕེལ་ཞིང་རྒྱས་པའི་དགེ་ལེགས་སྩོལ། །

讀巴 唐巴 瑞進 札格措　滇巴 佩興 傑貝 給咧作

總攝勝妙持明空行眾，佛法增長圓滿善妙賜，

རྒྱལ་བསྟན་སྙིང་པོ་བཀྲ་ཤིས་ཟུར་མང་གི །བསྟན་འཛིན་རྣམས་ཀྱི་སྐུ་ཚེ་མཛད་ཕྲིན་སོགས། །

嘉滇 寧波 札希 蘇曼格　滇進 南吉 固策 則慶俊

佛法精髓蘇曼傳承之，持法諸眾壽元、事業等，

ལྷག་བསམ་དག་པའི་ཐུགས་ཀྱི་བཞེད་པ་ཀུན། །གེགས་མེད་མྱུར་བ་ཉིད་དུ་འགྲུབ་གྱུར་ཅིག །

拉桑 他貝 突吉 諧巴棍　給美 紐哇 尼突 竹秋吉

清淨意樂心中諸願望，迅速無礙如願得成就，

དགེ་འདུན་སྡེ་རྒྱས་འཆད་རྩོད་རྩོམ་པ་དང་། །རིམ་གཉིས་ཟབ་མོའི་ཉམས་ལེན་མཐར་ཕྱིན་ནས། །

給敦 喋傑 切最 仲巴倘　仁尼 撒摩 釀廉 他欽涅

增長僧侶教、辯、寫作與，二次第深修行得圓滿，

མི་མཐུན་ཕྱོགས་ལས་རྣམ་པར་རྒྱལ་བ་ཡི། །ཡར་ཟླ་ལྟ་བུར་འཕེལ་བའི་བཀྲ་ཤིས་ཤོག །

米呑 秋咧 南巴 嘉哇宜　呀達 人樸 佩威 札希修

由於無定克敵制勝者，如新月般增長願吉祥。

青海省的蘇曼寺首建於14世紀。1992年起，仁波切積極地展開重修工程，包括設立佛學高等學院、閉關中心、尼寺、診療所、安老院以及孤兒院等。

1992年，仁波切在錫金林東建立蘇曼寺，占地約21英畝，與隆德寺位於同一座山上。

Whispers of Wisdom

給生命120道光

帶你穿越生命困境的智慧語錄

作者／第十二世蘇曼噶旺仁波切

譯者／普賢法譯小組

目次

｜第三篇｜ 因為慈悲，所以欣賞不完美

——放過自己、寬待他人的智慧

第四篇　你真正能活的是：當下！

——「給三門掛上覺知小鈴鐺」的智慧

第五篇　把絆腳石變成墊腳石

——放下執念、擁抱快樂的智慧

|第六篇| 活水種蓮花

——讓愛動起來、讓法活起來的智慧

༄། །འབྲི་གུང་སྐྱབས་མགོན།། DRIKUNG KYABGON

Foreword

His Eminence the 12th Zurmang Gharwang, a distinguished graduate of the Nalanda Institute, Rumtek, Sikkim, India, has spent over three decades spreading the teachings of Buddha Dharma across Asia, Europe, and the USA. His academic pursuits include a Masters Degree in Theology from Harvard University, with a focus on Buddhism.

In his forthcoming book, Rinpoche addresses a wide array of questions, spanning from the significance of Dharma practice to navigating daily life challenges. Offering insights into emotional well-being, human values, and practical guidance, the book aims to foster a happier and more meaningful existence for readers from all walks of life.

I am delighted to see this book come to fruition, confident that its readers will glean profound insights into Buddhist philosophy.
My heartfelt wishes go to Rinpoche for the success of this endeavor in the service of Dharma.

With my prayers,

Drikung Kyabgon Thinley Lhundup
The one blessed with the name "Gyalwa Drigungpa"
May 6, 2024

［推薦序］

創造幸福的佛法智慧

尊貴的 第十二世蘇曼噶旺仁波切（Zurmang Gharwang Rinpoche），為印度錫金隆德那爛陀佛學院的傑出畢業生，過去三十多年來在亞洲、歐洲和美國各地弘揚佛法教義。他在學術上的成就包括以研究佛法為主軸而獲得哈佛大學神學的碩士學位。

仁波切在《給生命120道光》書裡，針對從佛法修持的重要性到應對日常生活的挑戰等範圍廣大的各類問題給予回應。其中也提供關於情感幸福、人類價值觀和實修指引的洞見，以期為來自各行各業的讀者創造更快樂、更有意義的生活。

個人十分高興看到這本書即將問世，並相信讀者能從中點點滴滴而獲取對佛教義理的深刻見解。衷心祝福仁波切在弘法利生的這份努力上順利成功。

謹獻上個人的祈願，

直貢澈贊法王赤列・倫珠
Drikung Kyabgon Thinle Lhundup

2024年5月6日

[英文版誌謝]

集眾人之力，傳播智慧愛

撰文／蘇曼噶舉佛教基金會

雖然這是一本小冊子，但也和所有文稿一樣，都需要經過編輯，以確保呈現出來的內容具有一致性，且沒有錯字等。敝委員會要特別感謝艾利（Allie）和丹尼爾・艾肯（Daniel Aitken）在內容上傳到蘇曼噶舉網站之前進行編輯。

此外，也要特別感謝堪布大衛・噶瑪確沛（Khenpo David Karma Choephel），儘管他在加拿大創古寺翻譯文稿的時程繁重，仍然細心檢閱文稿，並做出許多寶貴的修改、更正和建議，以確保內容連貫一致。

同時也要感謝斐斯・阿迪（Faith Ardy）為尊貴的 第十二世蘇曼噶旺仁波切撰寫傳記。

[作者簡介]

尊貴的 第十二世蘇曼噶旺仁波切

撰文／斐斯．阿迪（Faith Ardy）

仁波切尚未出生就得到第十六世大寶法王認證，11歲時於法王座前陞座。

蘇曼噶旺仁波切出生於1965年6月30日，仍在娘胎時就由第十六世法王噶瑪巴讓炯恰達日佩多傑（Rangjung Khyapdak Rigpe Dorje）指認為第十二世噶旺祖古。他是蘇曼耳傳派（zur mang snyan rgyud）的最高傳承持有者。

噶旺祖古的不間斷法脈始於14世紀的大成就者創馬瑟（Trang Mase），他是第一世噶旺祖古，也是蘇曼噶舉教派和蘇曼寺的創始人。第五世法王噶瑪巴德新謝巴（Deshin Shegpa）認證其為印度大成就者帝洛巴（Tilopa）的遍知化身。這也實現了帝洛巴在西方烏迪亞納（the Western land of Uddiyana）親見金剛瑜伽母（Vajrayogini）並領受教法後所做的授記。當時，帝洛巴誓願在這些教法經由接續的十三位傳承持有者傳授後，他將回來予以廣大弘揚。在帝洛巴返回之前，這套教法僅限於單傳，也就是每位傳承持有者只能傳予一位，唯有在帝洛巴後來化身為第一世噶旺祖古時，這些教法才得以開放給更多的受眾。這些教法形成了蘇曼耳傳派的核心，又稱為空行母耳傳派（mkha' 'gro syan rgyud）。

娘胎裡被認證

仁波切出生為錫金皇室的王子。他的叔叔當時是錫金的在位國王。在他出生之前，第十六世法王噶瑪巴就指認他為第十二世蘇曼噶旺。噶瑪巴尊者曾向他的侍者暗示，下一世蘇曼噶旺即將轉世，當時噶瑪巴正在隆德寺前庭觀看傳統藏戲表演。在帝洛巴之舞的期間，有人向噶瑪巴獻上了珠寶，但噶瑪巴打破傳統，沒有自己接受，而是指示將禮物送給噶旺祖古。他還對著因為此舉而驚訝不已的準媽媽，當眾宣布她懷的是第十二世噶旺仁波切。

幾個月後，這位皇室公主在岡托克的住所生下了兒子。黎明時分，仁波切的父母派了一位使者前往24公里外的隆德寺，通知噶瑪巴尊者新生兒的到來。然而，使者都還沒離開，噶瑪巴的使臣薩傑仁波切便已帶著一群僧人來到門口，攜帶著禮物和一封噶瑪巴對新生兒的祝福信函。更令人困惑的是，在新祖古出生的時候，有人聽到人在西藏的前世噶旺之母，歡喜地宣布：「仁波切已經回來了。他出生在一個溫暖的國家，那裡水果和鮮花豐盛，鳥兒歌唱不絕。」她對新轉世仁波切出生環境的描述非常符合錫金的特點。

十一歲陞座

1976年，噶旺仁波切十一歲生日後不久，在法輪中心的大殿於第十六世法王噶瑪巴的跟前陞座，正式成為第十二世蘇曼噶旺。許多祖古、僧人和政府要員齊聚一堂，還有數百名從遠近各地趕來的善信和虔敬弟子，共同見證這一場吉祥盛事。

噶瑪巴法王在陞座儀式中，為噶旺仁波切賜予名號：「噶瑪噶旺確瓊滇巴南嘉聽列昆恰巴桑波」（Karma Gharwang Chochung Tenpa Namgyal Thinley Kunkhyab Pal Zangpo），意為「具有殊勝功德與遍在吉祥事業之佛法尊勝救護者」。此外，噶瑪巴法王還預言：有一座新的蘇曼噶舉寺院會在西藏以外建立，並將成為佛法教學和修持的重要中心。

師從法王仁波切

在陞座之後的幾年中，噶旺仁波切直接從根本上師第十六世法王噶瑪巴處領受了許多個人灌頂、法本口傳以及口訣教誡。

法王圓寂後，噶旺仁波切於1981年至1991年在那爛陀佛學院學習，並於1991年以最優秀的成績畢業。他有許多卓越的師長，包括上一世卡盧仁波切（Kalu Rinpoche）、上一世蔣貢康楚仁波切（H.E. Jamgon Kongtrul Rinpoche）、上一世祖古烏金仁波切（Tulku Urgyen Rinpoche）、上一世堪欽貝瑪貝澤仁波切（Khenchen Pema Pedtse Rinpoche）、夏瑪仁波切（Sharmapa）、大司徒仁波切（Situpa）和嘉察仁波切（Gyaltsapa）。此外，他也曾從學於堪千創古仁波切（Khenchen Thrangu Rinpoche）、堪千竹清嘉措（Khenchen Tsultrim Gyamtso）、堪千確達滇培（Khenchen Chodak Tenphel）、堪布確登（Khenpo Chokden）以及堪布丹增彭措（Khenpo Tenzin Phuntsok）等著名的佛教學者。

弘法事業遍世界

1987年，噶旺仁波切在還是大學生的時候，就開始了他在那爛陀佛學院的教學生涯。從那時起，他在歐洲、美國以及亞洲等世界各地的佛法中心廣弘教法。如今，新加坡、馬來西亞、印尼、台灣和香港都可看得到蘇曼中心的存在。

1991年8月，噶旺仁波切在盛大歡迎中首度返回他在（青海省）康區蘇曼的祖寺。他在這次難忘的訪問中，為超過三萬人授予灌頂，其中包括許多祖古、僧人以及在家信眾。數千人前來皈依，他則為所有前來迎接他的人賜予加持。仁波切還贈予當地人許多珍貴的禮物，其中包括一尊高達15英尺的鍍金佛像，一個伴有兩隻聆聽鹿兒的金色法輪，以及一口通常放在寺院屋頂的「法鐘」（象徵佛法恆常興盛）。在他短暫停留西藏的期間，積極鼓勵並慷慨資助了整個地區的福利項目。同年，仁波切受到啟發，成立了蘇曼噶舉佛教基金會（Zurmang Kagyu Buddhist Foundation），旨在實現他想依循佛教精神而建立更為慈善社會的願景。為此，他發起了許多社區計畫，例如建設道路、學校、醫療診所、孤兒院和養老院等。

1992年，噶旺仁波切著手於錫金林東創立蘇曼噶舉傳統的新法座。該處占地約21英畝的森林斜坡，與隆德寺位於同一座山上。他在不到四年的時間裡，便將林東的景觀轉變為一個宏偉的寺院建築群，實現了第十六世法王噶瑪巴關於在西藏以外建立嶄新蘇曼噶舉寺院的預言。

第一篇

讓輪迴的高牆倒下吧

依止佛法、修持善行的智慧

擺正心態，
做好準備，
打破輪迴的第一堂課，
就從修習佛法開始。

1

學生的心準備好，上師的加持必來到

▍帶著力求證悟的發心，堅定不移地由衷培養恭敬。

學生的品德，和他與師長之間有什麼關係？

具備修持別解脫戒條件之弟子的特徵

堪為別解脫戒法器的弟子，必須：

一、離於四種學法的障礙（包括：造犯五無間罪之一、未經父母同意、沒有修持能力、言行舉止腐敗）；
二、對於他們的住持與常駐法師心懷恭敬；
三、同樣的，要能持守清淨的戒律（不去觸犯四種破戒之因：不知學處、態度不敬、心思放逸、煩惱粗重）；
四、時時致力於禪定與願文念誦；
五、想法與行為具有紀律；
六、安忍對待師長所要求的一切，以及對他們造成危害的人；
七、能夠致力於持守別解脫戒，並且
八、知道如何持守佛法且不令其受到染污。

具備修持菩薩戒條件之弟子的特徵

堪為菩薩戒法器的弟子，必須：

一、於大乘的善知識具有信心；
二、具有大悲心；

三、具有能理解深廣教法要點的智慧之眼；
四、知曉四攝法且修持六度波羅蜜多；
五、對於從事這些廣大修持能夠安忍，而不氣餒灰心，不會汲汲營營於自己的安樂，而是歡喜地為救度眾生而努力；
六、持續致力於理解甚深空性之義，並在聽聞相關教法之後，隨即感到歡喜。

這些是大乘種性甦醒的徵兆。

密咒乘弟子的特徵

堪為密咒乘法器的弟子，必須：

一、恭敬對待上師；
二、能將甚深的見地與行止加以保密；
三、具有理解實相的廣大智慧，且對密咒之義不會存疑；
四、能致力於取捨、持守誓言，並且修行。

彼此觀察，開啟師生關係的第一步

首先，師長與弟子雙方都需觀察彼此的特徵。密咒的師長必須觀察弟子。在給予灌頂時，若對方並非適當的法器，則他們今生來世皆無法持守誓言。如此一來，不僅枉費了灌頂，也將損壞師長的誓言，導致你和悉地成就之間的距離有如天地之遙，還會出現障礙危害等許多過失。任何人想從一位師長處領受灌頂時，除非能先觀察該位師長的特徵，否則可能受到對方欺騙，使得這位弟子無法持守誓言，悉地成就遭到根除，甚或因師長的引導而走向邪道等等，此外也將出現糟蹋這個暇滿人身等等的許多過失。

觀察善知識的品德，而後依止

帶著力求證悟的發心，堅定不移地由衷培養恭敬。

歡喜供養衣食等一切所具有、所獲得之物。

作為恭敬的表示，見到師長之時應該起立。

讚揚師長，恆時恭敬對待師長。

不要踩踏師長的影子；斷絕不敬的行為。

〔一日當中，〕首次見到師長之時應頂禮。[1]

作為恭敬的表示，應協助師長清洗、以油塗抹等等，並且誠實以對。

聆聽師長所說的一切，並且付諸實修。

恭敬對待師長的最佳方式，即是對於教法的聞、思、修。

歡喜對待師長的忠告之言，付諸實踐並誠懇修持。

依止善知識的利益

依止善知識的利益是無量的：

一、獲得善知識攝持後，將永不墮入惡趣。

二、將不會想要造作不善業。

三、將不再魯莽行事，並且

四、脫離輪迴。

五、將永不違犯菩薩學處。

六、你的事業將超勝於一切世俗凡夫的事業。

七、業與煩惱將無法擊敗你。

八、若由善知識所攝持，將能獲得證悟。

1 譯註：〔 〕當中的字詞表示由譯者所加，方便讀者理解意思。

捨棄不善的友伴

一、品性惡劣的師長、朋友與同伴；
二、未能保持清淨觀者、具有強烈成見者；
三、認為只有自己的見地和教派是最好的人（執持自宗為最勝者）；
四、稱頌自己且批評他人的人（自讚毀他者）；
五、批評其他宗教體系的人；
六、批評那些承擔利他重責大任之師長的人。

若是跟隨這類的惡友，將染上他們的一切過失，所以應當不再與他們同行、交談，乃至不觸及他們的影子。

怨魔力所致的障礙

一、思惟師長的過失；
二、沒有致力於聞思；
三、涉及引發瞋心的離間語和綺語；
四、由於飲食、住所、事務等等而分心散亂；
五、陷入睏倦、昏沉與懈怠；
六、受到昏沉與貪著等念頭所壓伏，等等……

這些都將迅速斷絕你的解脫契機。

因此，應當認識這些怨魔力並隨時保持謹慎。在你值遇正法與真實的師長，且致力於聞思修的時候，障礙與考驗將隨之而來。

如何對治上述的障礙

一、對於師長生起信心，並恭敬對待法友；

二、致力於聞、思、修；
三、確信佛法而毫無疑惑；
四、不受散亂的念頭所左右；
五、披上對治的盔甲，藉此善巧地擊敗怨魔力。

生起依止善知識的信心

依止善知識是一切善行的前提。於努力修道之始，就要生起信心。信心乃一切善行的基礎，亦是清淨輪迴的因和緣。

信心有三種：

一、清淨信；
二、欲樂信；
三、勝解信。

第一種是對於三寶與師長具有清淨的態度；
第二種是以希求證得無上菩提之願，而於道上修行；
第三種是對業、因、果的勝解，永不退轉。

2

開啟「善知識」的搜尋引擎

▍善知識是一切良善功德之源。若無善知識，我們將欠缺解脫的機緣。

如何尋求善知識？

勝者的珍貴法教乃是利益與安樂之源，但極為難以值遇。然而，具有福報的人，卻可能在僅僅一日當中如此獲得。因此，當你獲得這個暇滿人身時，應當以身、語、意致力於修持無上的佛法。

如同寂天菩薩所言，佛法是唯一能遣除眾生痛苦的藥，也是一切安樂的甚深源頭，因此，要透過廣泛實踐來表達我們對佛法的敬意。對於追求解脫來說，依止善知識是不可或缺的要素。因此，我們應當以身、語、意恭敬地對待善知識。為何這麼說呢？因為善知識是一切良善功德之源。若無善知識，我們將欠缺解脫的機緣。

必須依止較己為勝的善知識

如果依止比我們低劣之人，我們將無法培養良善的功德。如果依止與我們同等之人，在斷惑與證理的方面將無增無減。依止比我們殊勝之人，則將生起卓越的功德。

認出可依止的善知識

善知識當中，有凡夫、菩薩，以及化身佛與報身佛。然而，也有一些善知識，他們的煩惱比我們自己的更加粗重。相較於一切凡俗眾生，善知識能帶來更大的利益。為何如此呢？這是因為，當我們值遇善知識時，藉由善知識之語的指路明燈，將展現出解脫道。因此，善知識被尊為無上之人。他們的恩慈，比一切凡俗眾生都來得大。

凡夫善知識的特徵

凡夫善知識的特徵有八項、四項與兩項。

八項特徵如下：

一、行為端正、合乎道德；
二、希求且領受許多法教；
三、了悟法教的意義；
四、慈愛地對待一切眾生；
五、無所畏懼地回應弟子的問題；
六、不起嗔心而具有安忍；
七、樂意再三地解釋說明；
八、隨時保持坦率真誠。

四項特徵如下：

一、領受諸多法教之後廣泛傳授；
二、能以大智慧遣除他人的疑問，；
三、行持恆時猶如聖者，故而言談值得信賴；
四、能教授輪迴與涅槃的性相，以及實相自性。

寂天菩薩於《入菩薩行論》中所說的兩項特徵：

一、已然精通大乘之義；
二、恆常持守菩薩之行。

即使以我的生命為代價，亦不背離我現在跟隨的善知識。

授予別解脫戒之師長的特徵

授予別解脫戒的五類師長：沙彌師、羯磨師（羯磨阿闍黎）、屏教師（屏教阿闍黎）、依止師（依止阿闍黎）以及誦讀師（受經阿闍梨）。

他們應當具備的一般特徵是：

一、必須正確持守戒律；
二、必須了解與《毗那耶》相關的所有儀式；
三、應該照護病患；
四、其眷屬隨從應該持守戒律；
五、應該努力協助人們學習佛法並滿足世俗需求；
六、應該及時給予指導。

授予菩薩戒之師長的特徵

授予菩薩戒的師長具備以下特徵：

一、應已調伏自心野馬；
二、必須保有正念和奢摩他，因此
三、已然徹底平息昏沉；
四、應當具有較弟子更為優勝的功德；
五、應當歡喜地為利益他眾而努力；
六、精通三藏；
七、已然了悟佛法真諦；
八、成為因應弟子根器而教化的師長；

九、不追求個人的利益或名聲；並且
十、懷著慈愛的發心而願意反覆解說教法，不倦且不棄。

密宗師長的特徵

密宗師長的共通特徵是：

一、身、語、意安穩；
二、持守戒律而令心自律；
三、具有能分析解釋各種教法的智力；
四、對待弟子態度安忍而不起嗔心；
五、不隱瞞自己的過失；並且
六、不具任何欺騙他人的意圖，保持誠實真摯的態度。

尤其，那些具有雙運與大手印的智慧、能在弟子心相續中建立功德、同樣能夠將了悟傳予弟子的上師，被視為真正的根本上師。

切勿依止有許多過失的師長，然而，由於具足這一切功德的師長實為稀有難得，因此，應當追隨至少擁有諸多良善功德的師長。

總結上師的所有特徵

一、其成熟與解脫的傳承從金剛總持至今從未間斷；
二、行持清淨、口和無諍，三昧耶沒有衰損；
三、擁有源自傳承的訣竅；
四、能正確理解佛陀教言與相關釋論的共通與不共要點；並且
五、具有悲心，願意利益他人——而這些特徵含括了一切。

3

調伏煩惱，我有四法印

▌心若調伏，就能調伏諸多煩惱。

四法印是什麼？如何運用四法印「斷除、轉化、認出」煩惱，達到調伏煩惱的目的？

諸行無常：一切因緣和合的事物其自性皆無常。
有漏皆苦：一切有煩惱的事物肯定為痛苦。
諸法無我：一切事物的本質皆為空性，沒有自我。
涅槃寂靜：唯有涅槃，方為寧靜與安樂。

由於諸法根源乃心。應當從一開始就努力調伏自心。若心未調伏，我們或許仍能精通聞思修，但是要獲得證悟是極其困難的。簡而言之，心若調伏了，就能調伏諸多煩惱。

在經與續中，有以下三種調伏煩惱的法門：

一、斷除；二、轉化；三、認出。

斷除

斷除煩惱是顯宗的共通之道。透過修持白骨觀的可怖可怕可憎，來斷除引起貪欲的對境。當嗔恨生起時，透過修持慈心觀來加以斷除。為了對治愚痴，則透過修持因果觀和緣起如夢如幻觀，來加以斷除。

轉化

轉化煩惱是密咒獨有的法道。當貪欲生起時，觀想自己是貪欲清淨的阿彌陀佛，或雙運相的忿怒尊嘿嚕嘎，以作為回應。將貪欲之念轉化為本尊。

以同樣的方式處理其他種類的煩惱，觀修嗔恨的本質為觀世音菩薩，觀修愚痴的本質為文殊師利菩薩。當其他的煩惱生起時，都要透過觀修來加以轉化。

認出

認出煩惱的本質為空性智慧，相較於斷除和轉化這兩種不同方法，此為更好的法道。在心相續中生起貪欲之念的時候，就直觀其本質，它們將於自地消融，而樂空不二的大手印便無礙地清晰顯現。簡而言之，貪欲被視為妙觀察智，本初以來即無有可斷、可取、可轉化之物。 因此，一切現象都不離於心。所有煩惱的念頭都是不造作的心本身，藉由安住於此，煩惱之念將顯現為心的遊戲。

4

關於岡波巴四法的教導

▍持守正見，歸依無上三寶，斷除十不善，修習十善道。

岡波巴四法

一、轉心向法；二、以法為道；三、道遣除惑；四、惑顯為智。

轉心向法

關於轉心向法的次第，應當不斷思惟：

一、暇滿如何難得；
二、萬物自性無常；
三、業果無庸置疑，無論善惡，一切所作所為皆有份量；
四、輪迴與惡趣的痛苦。

尤其，要持守正見，歸依無上三寶，斷除十不善，如理如法地修習十善之道。以四力來懺悔往昔累積的惡業。

若想獲得投生於人道與天道所帶來的受用和卓越，則屬於下士道。如此，當能轉心向法。

以法為道

關於以法為道的法門，必須理解世俗諦與勝義諦二者。在你致力於脫離苦因苦果以獲得個人的寂靜時，應當要知道內心煩惱乃是痛苦的根源和成因。它們會導致「苦苦」、「壞苦」、「行苦」三種苦。為了消除這個痛苦之源，則必須修習「戒」、「定」、「慧」三種學處。

一、生起出離心。
二、關於藉由白四羯磨而領受具足戒的方式：
（一）應當持守遮戒與性戒；
（二）應當飲食適量；
（三）應當守護根門。

要能生起身心調柔的奢摩他（寂止）禪定。如此，尤其要仰賴禪定學處。

藉由觀修四聖諦十六行相 ，諸如無常等等，以生起了悟人無我的智慧。以此為基礎，再透過觀修十二緣起的流轉與還滅，了悟法無我。要以這個方式來仰賴智慧學處。

一旦依著聲聞和緣覺的法道次第而止息煩惱，其果即為滅諦。此為中士道可獲得之成就。

惑顯為智

從無始以來，自心便安住於光明之中。由於客塵垢染，而有種種的顯現，一旦淨化了垢染，除了光明再無其他。只要依然耽著於迷亂與解脫的區別，迷亂的現象（惑相）就會持續生起。

然而，若能了悟一切都是一味，此時肯定能獲得解脫。

因此，儘管迷亂與智慧二者並無區別，若執取兩者有勝劣之分，便稱為迷亂；一旦拆解了那個執取，則稱為智慧的顯現。

遣除心中對輪迴的關注

斷除對此生的執著，即是「轉心向法」。
懷著菩提心去修持福德與智慧二資糧雙運，如此便是「以法為道」。

對於六根六塵所生起的一切，保任其自然的流續，乃為「道遣除惑」。

了悟所有的二元顯現，其本初狀態皆為大智慧的自性，即所謂「惑顯為智」。

5

轉心四思惟

▍死亡之必然，死期之不定，當你臨終之際，唯有佛法能夠護佑。

我們應當對於修持聞思、利美教法，以及大聖者們生起無造作的信心。以毫不偏頗的方式，決心努力守護包括觀察業力因果、取捨在內等等的無謬之行。主要而言，則應認真看待經續中所匯集的佛陀教法，以及無上智者兼成就者的甚深口訣——而非僅只是將其視為文字。

如此一來，經文將顯現為口訣，而通達聞思要點的最終結果，即為心相續的解脫。所以應當要修持轉心四思惟。

因此，關於此生、輪迴、寂滅及能所二元，我們應當修持轉心四思惟。這個具足八暇十滿的珍貴人身之基，從因果的觀點及譬喻的說明，是極具意義且甚難獲得的。死亡之必然，死期之不定，當你臨終之際，唯有佛法能夠護佑。所以，應當唯獨精進於修持佛法——而非世間事業。

為了使自心遠離輪迴，應當思惟苦樂的業力因果及輪迴的過患。業果必定會增長，未造之業不遇果、已造之業不失果。

普遍而言，我們於輪迴中不斷受到這八苦所折磨：生苦、老苦、病苦、死苦、怨憎會苦、愛別離苦、求不得苦、不欲臨苦。我們也進而受到三苦所折磨：

一、無法依賴輪迴中的任何事物；
二、無法在輪迴的愉悅中獲得滿足；
三、無始以來都在輪迴中流轉。

所以，這個「相續蘊」（the perpetuating aggregates）的特徵即為痛苦。

生起真實的聖者智慧

至於讓心不求寂滅安樂的方法，則是：

一、由菩提心開始，依照七支因果口訣的次第，生起所欲證得之佛果；
二、由增上意樂生起菩提心；
三、由大悲生起增上意樂；
四、由悅意慈生起大悲；
五、由欲報答母親有情之恩〔的心〕生起悅意慈；
六、由憶念母親有情之恩生起報恩之心；
七、由認識到一切眾生皆曾為自己的母親，生起憶念母親有情之恩；
八、生起無偏利他之基礎，乃對一切有情的平等捨；
九、修持對一切有情的悅意慈；
十、從自己的母親開始，然後延伸到一切眾生；
十一、以慈心、大悲及增上意樂為基礎，精進於證得菩提，以使讓自心不求寂滅安樂。
十二、而為了讓心轉離能所二元的分別，應生起了悟諸法本來無生而自性全然清淨的妙觀察智。
十三、透過反覆檢驗分析，生起真實的聖者智慧，以讓自心轉離能所二元的謬誤。

6

氣瑜伽的六種修持[1]

由於念頭本身有如氣的自性，故而調伏了氣，便能淨化念頭。

一、「數」──數息：

以毗盧遮那七支座而端坐，保持身之要點。以右手食指按住右鼻孔，緩慢自左鼻孔吸氣，然後用力自左鼻孔呼氣。接著以左手食指按住左鼻孔，緩慢自右鼻孔吸氣，然後用力自右鼻孔呼氣。再來則緩慢由兩個鼻孔吸氣，然後用力由兩個鼻孔呼氣。過程中都不讓心散亂，從短時間的座修開始而逐漸增加，先是數息七次，最後可增加至數息百次。呼氣時，觀想有個白色的「嗡」（OṂ）字隨著呼氣移動到前方四或十六英吋之處。吸氣時，觀想有個紅色的「阿」（ĀḤ）字隨著吸氣進入。接著持氣於肚臍下方四英吋之處的藍色「吽」（HŪṂ）字之中。

二、「隨」──隨息：

在精通第一種技巧（數息）後，奢摩他的修持將變得非常穩定，具有全然處於當下且全然專注的明性。心與氣之間並無真實之界線。當我們認出氣的時候，應探查氣是否遍布全身，或僅只流動於身體的某個部位。專注於氣，隨著氣的所到之處而去，以此方式來禪修。

1　譯註：《大乘大集地藏十輪經》：「云何由念如實觀察入息、出息？謂正觀察，數故、隨故、止故、觀故、轉故、淨故。」「數、隨、止、觀、轉、淨」六個階段，又稱為「六妙門」，前三者屬於寂止，後三者屬於勝觀，各別皆有修與證的兩大過程。

三、「止」──安放：

依據《阿毘達摩俱舍論》（*Abhidharmakośabhāṣya*）的傳統，應當向內專注觀察從鼻尖到趾尖，彷彿它們是由一串珠寶所連起來的。細想氣如何充滿我們的全身，安住於無分別的狀態，無有造作、亦不修整。

四、「觀」──了悟：

儘管《阿毘達摩俱舍論》傳統所教導的僅是要觀察五蘊，然而在大乘中，則將氣視為心，由於了解它沒有本具的自性，而了悟實相的究竟自性。

五、「轉」──轉變：

先前專注於氣，此時則將禪修對境轉變為各種對境，例如顏色、形狀或樂空，並依據奢摩他的口授教誡而修持。

六、「淨」──徹底淨化：

在進行前述的修持之後，二元對立將會崩解，能取與所取之念則徹底淨化。由於念頭本身有如氣的自性，故而調伏了氣，便能淨化念頭。此乃經與續的共同理解。依據經教傳統，如同《阿毘達摩俱舍論》的教導所言，若能精通氣的修練，與此同時，我們將證得見道。此外，依據《大乘大集地藏十輪經》（*Daśacakrakṣitigarbha Sūtra*）的內容，由於極難調伏之心與氣被視為無異，故而所謂的心，實際上就是氣。依據續部，氣是一種非常微細的色法，而心與氣是全然相融而在的。最後，依據《喜金剛》的口訣，則說心與氣是無二無別的。

7

福德與淨化

此生殊勝之果報，
非僅由僥倖而生。
累世積福淨障致，
應令此生具意義。

8

把痛苦當作養分，開出最美的花

▍我們可以將痛苦取為道用，使生命更有意義。

如何轉化我們的痛苦？

痛苦是日常生活中十分普遍的一部分，當我們審視個人生活，並且比較自己處於快樂與不快樂這兩種狀態的時間比例，許多人可能會發現，我們在不快樂中度過了相當長的時間。因此，我們不應逃避痛苦，而應正視生活中的痛苦，因為若不這麼做，我們就只是在延長痛苦。

的確，沒有任何人希求痛苦，但少許的痛苦卻能引導我們改善生活。首先，我們應檢視自己為什麼受苦，然後藉由理解痛苦的成因，便找到解脫痛苦的方法。其次，如噶當派祖師所教導的，我們可以將痛苦取為道用，使生命更有意義。例如，當我們經歷痛苦與困境時，可以觀想自己的痛苦就代表一切眾生的痛苦，並發願藉由自己經歷這個痛苦，其他眾生將永遠不再遭受相同的痛苦。最後，我們應發願一切眾生皆得安樂與歡喜。透過這些方法，我們便能將生活中的挑戰轉化為目標明確的事物。有許多方法可以用來處理生活中的困境，而我相信，我與諸位分享的這些方法能帶來極大助益。

9

隨時隨地修持四瑜伽

▍在黎明醒來時，觀想自己由四天女的歌聲所喚醒，從無明的睡眠中覺醒。

時刻明觀本尊

所作所為若能與無上咒乘的修持結合，就會變得具有意義。因此，那些致力且希求解脫的具福者，應當恆常修持四瑜伽。首先，以修持日常行止瑜伽來說，應當在明觀本尊的狀態中，持續依止對於自己的正念，務必在不造成任何過失的情形下，謹慎地行持四種日常行止，這點十分重要。一切諸佛都曾說過，以這種方式來修持，三門的所作所為，包括身的所有動作以及語的所有表達，都將成為各種形式的手印。

將飲食視為甘露的加持

其次，關於如何依止飲食瑜伽，我們應當獻出自己所消耗的一切，包括所有樣態的食物與飲料，如此一來，瑜伽士所受用的任何事物都將具有意義，而且不會帶來任何業債。在獻出的同時，應當將飲食視為甘露的加持而受用，並在明觀本尊的狀態中，以供養本尊的方式而受用，藉此圓滿二資糧。

在離於造作的空性中入睡

第三，關於如何行持睡眠瑜伽，外在器世界以及居住其中一切有情眾生都逐漸收攝於光明的狀態，並在離於造作的空性狀態中入睡。依據大成就者金剛鈴尊者（Ghaṇṭapāda，音譯：嘎納巴達）的教言，要專注在心間日輪上的「吽」字，並觀想「吽」字由下到上逐漸消融，進而消融到彎月，再消融到明點，終而消融到那達[1]。在沒有任何所緣境的狀態中入睡。

從無明的睡眠中覺醒

第四，關於如何修持覺醒瑜伽，依據智足尊者（Jñānapāda，又稱：Buddhaśrījñāna）的教言，在黎明醒來時，觀想自己是由四天女的歌聲所喚醒，而從無明的睡眠中覺醒。或者，觀想自己是在勇父與金剛瑜伽母以手鼓與金剛鈴所奏的樂聲中覺醒。以此方式，並帶著先前對獻供祈願的正念，則存有中一切如幻的顯現，於當前的修學來說，都會成為禪定的次第。應當藉由這種禪修方式，從睡眠中起身。

1　譯註：這段觀想要配合藏文「吽」（ཧཱུྃ）字的寫法，意思是主要的字體由下到上消融，到了彎月狀的筆劃，再到明點狀的筆劃，終而是最上面的筆劃（稱為nada，「那達」）。

10

金剛誦

▍修持「吽」、「阿」、「嗡」，將內氣轉為道用。

藉由三字金剛誦的修持，將內氣取為道用的方式如下：
早晨一起身，若條件允許，就以毗盧遮那七支座而端坐，進行三次排除濁氣的修持，以便清淨從睡眠中殘留下來的煩惱。於是，首先，呼氣時，以「**吽**」（HŪṂ）的聲音排出氣息。於氣息停頓之時，毫無散亂地專注在「**阿**」（ĀḤ）的聲音上。接著，吸氣時，專注在「**嗡**」（OṂ）的聲音上。將呼氣、停頓、吸氣當成一個單位，最好能修持一百次，次之可修持21次，最少則應修持七次也好。

應當發願一整天都如此專注於內氣。晚間就寢之前，在呼氣、停頓、吸氣時，專注於此三個字，計數至少21次。夜裡入睡之時，同樣以此方式專注於呼吸。藉由日夜不斷地如此修持，我們2萬1千6百次的呼吸與內氣循環，將毫不費力地轉化成為此三咒字的自性。屆時，將可同時圓滿一切密宗本尊的持誦。

11

密宗修行很奧秘？

▌密宗修道的歷程猶如蛇入竹筒——只有往上，或者下墮。

密宗如何修行？

為了達成顯宗與密宗的修道大旨，兩者在斷除染污與獲得證悟功德的方面，並沒有差異。然而，就精進修道的時長而言，由於密宗具有非常深奧的法門，使其成為一條更為迅速的修道，所以有著極大的差異。

依循修道次第

首先，必須接受灌頂，這是密宗修道的入門。關於密咒修學的五道十地修持歷程，其中涉及到如何無誤地觀修本尊與持誦咒語，有著清晰、甚深且廣泛的教導。對於偏好繁複行持的人，就教導涉及繁複的法門。對於想要遠離繁複的人，則教導保任平常心的法門。因此，對於修道次第有著適切依序的清晰教導。

諸多甚深法門

其次，相較於經乘，密宗的修道有更多法門。根據修行者在根器與發心的差異，因而教導事部、行部、瑜伽部與無上瑜伽部這四部密續。例如，為了幫助具有強烈貪著的補特伽羅，在無上瑜伽部中，有生起佛父佛母本尊雙運的修持。觀修時，男性修行者應當主要專注於男性本尊，女性修行者也同樣應一心專注於女性本尊。若非這樣，修持就會成為貪著的緣。儘管如此，這個修道所進行的方式並不排斥五根妙欲。在咒乘中有關於這些修持的教導，然而，在經乘中則沒有。

上師加持與弟子虔信

第三，關於修道歷程的安適，經乘需要三大阿僧祇劫來累積資糧與淨化遮障。然而，在咒乘中則能迅速圓滿修道。藉由上師的加持與弟子的信心和虔敬，若能獲得對於自性真實面目的直接引介，就能如同成就者之主尊密勒日巴那樣，在一生當中累積多劫的資糧並且獲得證悟。

具格的上師與弟子

第四，密宗修道的歷程猶如蛇入竹筒——只有往上，或者下墮。因此，上師與弟子都應當具足資格，這是極為重要的。如此，這條修道就能成為得以容易且迅速行經的甚深之道。此外，對於已然淨化遮障且累積資糧的銳根弟子而言，若是因緣具足，他們就能夠在一生中證悟。

12

八印

▎奉行八印，成為佛陀的追隨者。

區分佛教徒與非佛教徒的關鍵，在於對三寶是否懷有堅定不移的信心，因此，應當依止這些無欺無謬的皈依境。

於此基礎上，若能奉行這八印，將能成為佛陀的追隨者，而非其他宗派體系的信徒。

應當依止佛、法、僧和上師。

在見地上應奉行

一、諸行無常：將一切事物視為無常，如同幻象。

二、有漏皆苦：了知一切有所染漏的事物，其自性都是煩惱與痛苦。

三、諸法無我：了知一切現象的本質皆為無我。

四、涅槃寂靜：體悟唯有涅槃才是寂靜。

在具有大悲心的行持上應奉行

五、向贊巴拉供養食子；

六、同樣地，將一些乾淨的食物獻給夜叉；

七、布施清水給餓鬼，讓他們灼熱之口不再乾渴；以及

八、布施給鬼魅魍魎。

——以上這些即是八印。

13

如理如法地修持佛法

▍聞思修法義，依著禪修的實踐，便不會違越佛陀的教導。

根據世親菩薩《阿毘達磨俱舍論》的所述：「一個嚴謹持戒的人，於聽聞、思惟之後，應致力於禪修。」[1]首先，凡夫應當如法請求領受別解脫戒。而且，不僅應當受持這些戒律，最重要的，還應當加以守護，永不違犯。

我們應當如理聽聞殊勝的佛法，不帶任何宗派的偏見。此外，聽聞是一種殊勝的方法，讓我們得以正確理解取捨的要點，也就是分辨應斷之不善行與應持之善行這兩種類別，此即是聽聞佛法的意義。如果認為聽聞的意義僅止於仰賴文字層面的理解，那麼我們將完全無法實踐聽聞的真正意義。

因此，我們應當盡己所能，再三思惟所聽聞之法教的意義。為什麼呢？因為藉由這項行持，我們將能對於應當取捨之事的意義，產生堅定的確信。

我們不僅應當聽聞和思惟，也務必要修習我們所聽聞和思惟的法義。依著禪修的實踐，一般來說，我們便不會違越佛陀的教導；具體來說，我們則不會違犯根本上師的教言。

---

1 譯註：原始經文「守戒具足聞思慧，極為精勤而修行。」出自《俱舍論頌》第六品〈分別聖道〉，世親論師造，索達吉堪布譯。

藉由禪修脫離生死之道

此外，如《大頂髻經》（*Mahoshnisha Sutra*）所說：「我們已於眾多劫中聽聞且思惟佛法，如果之後能用一天的時間來禪修實相的意義，這是廣大殊勝的福德。為什麼呢？因為藉由禪修，我們將能讓自己脫離生死之道。」[2]

因此，禪定的利益包含：克服執著感官欲樂的心態；斷除一切疑惑的根源；逐步獲得更佳的身心安樂；具有獲得和保任禪修覺受的力量；能於心相續中生起神通、禪定、大悲心、殊勝菩提心等；得以現觀如來藏，進而恆常安住於自心本性、諸法實相或法性之上；於暫時層面上能引導自己的弟子眾獲得增上生，於究竟層面上能將他們安置於圓滿證悟的果位。

此外，根據《大乘大集地藏十輪經》所述：「藉由禪定的修練，我們將能斷除疑惑。若是無此了證，我們便不能斷除疑惑。故而，禪定是無上的，博學多聞的人應當勤修禪定。」[3]因此，總而言之，若能如理如法地並行實踐聽聞、思惟和禪修，此即是獲得暇滿人身的真正意義，以及祖師大德願心的意義所在。藉由這樣的修持，我們將能報答父母的恩情，並且由於一切有情眾生無一例外都曾在某一生世中當過我們的父母，我們便可成辦自己和所有其他眾生今生和來世的最大目標。

2　譯註：原始經文「以眾多劫修習聞思，不如一日修真實法，其福勝前。何以故？依此行持離生死道日疏遠故。」語出《解脫莊嚴寶：大乘菩提道次第論》第十七章〈般若波羅蜜多〉，岡波巴尊者造，張澄基先生譯。

3　譯註：原始經文「修定能斷惑，餘業所不能，故修定為尊，智者應供養。」出自《大乘大集地藏十輪經》卷第三〈無依行品〉第三之一，三藏法師玄奘奉詔譯。

14

佛有三身

▍法身佛是佛的實相之身，不實存，也不留駐於智識之中。

佛有哪三身？

根據雪域成就者之主密勒日巴尊者的觀點，關於三種佛身的甚深引介是這樣的：

化身佛

佛的化現之身。是一種應化的樣貌，儘管在實相上離於一切造作，但為了顯現在肉眼可見的範疇中，所以按照業果不滅不虛之理，而僅示現於眾生迷亂的輪迴與涅槃中。

報身佛

佛的圓滿受用之身。據說是與本來面目的相遇，此本來面目亦即於能執所執之二元分別中無法安立的空性，也是顯相的自性，為了盲目與無明的眾生而不斷出現。

究竟的法身佛

佛的實相之身。為無上的引介，是修道尚未成熟者所無法理解的善妙彩虹遊舞，既不執取有任何的真實存在，也不留駐於智識之中。

15

快樂只是禪修的「小小副作用」

▍我們必須對練習禪修感到開心，而非為了尋找快樂而採取禪修。

今天，我想與諸位分享一種在日常生活中練習禪修的簡單方法。

不糾結、不勉強

首先，我們不該認為從事禪修修持是一種必須強加於己的規則。我們不該強迫自己練習禪修，因為這種方式無法帶來正面的結果。禪修關乎著讓自己串習於一種健康的思惟方式，並以內心安祥的狀態生活。在日常生活中，我們往往糾結在不健康的念頭中，以致心緒不寧，由於內在的平和比外在條件更為重要、更有力量，所以要藉由練習禪修來培養內心的寧靜。

修持禪修也關乎著對自己有更多的瞭解。儘管我們各種不滿足、不快樂的問題，其主要的解決方案實際上是在內心，但由於我們忙碌的生活方式，我們的注意力通常都是朝著外在而非內在。藉由保持對內在狀態的關注，並培養對念頭和情緒的正念，我們就能讓自己寶貴的生命更有意義。此外，正如許多偉大的大師所一再告誡的，每個當下都保持專注，將大大有助於保護自己和他人免受愚痴和煩惱的惡果，而這些都是痛苦的根源。

對練習禪修感到開心

我們也應消除必須採取禪修才能快樂的誤解。事實上，情況恰恰相反：為了讓禪修能有所成，我們應該首先瞭解禪修的究竟利益，從而促使我們對禪修修持產生興趣。換句話說，我們必須對練習禪修感到開心，而非單純為了尋找快樂而採取禪修。

向具德的上師學習禪修

此外，談到禪修修持的時候，向具德的上師學習是相當重要的。雖然我們或可在書中找到許多有用的技巧和提示，但為了獲得適當的進展且讓我們的禪修修持得以究竟圓滿，就有必要尋求具德上師給予我們關於禪修技巧的正確應用、個人的口訣教誡，以及正確坐姿的詳細資訊。

重要的是，要記住：禪修有很多種練習方式，我們不能僅僅因為某人的指導與我們師長的教導有所不同，就說對方是錯的。禪修沒有唯一的正確方法：這不是「非我之道不可」的情況。因此，在我看來，明智之舉是向具德大師學習任何形式的佛法修持。藉由運用他們的明智指導和個人的適切努力，諸位將能讓自己的禪修修持有所增益。

正如我從偉大的大師們那裡學到的，當我們著手進行禪修的修持時，在初期階段，每次練習的時間至多五到十分鐘左右。為了善加練習，諸位應該遵循類似的常規並堅持一星期、甚至幾個月；這是因為，如果我們想讓禪修修持得以完善，就不該倉促而為。如果一開始就沒做對，長期來看，將由於欠缺良好基礎而阻礙進步。畢竟，以禪修修持而言，品質比數量更為重要，而作為修持者，我們千萬不可匆忙行事，而應該保有長遠的眼光。

練習呼吸技巧

我個人發現，若能應用呼吸技巧將非常有效，建議大家可從這個技巧開始。

首先，在準備要練習時，應該找到一個安靜的地方，坐在舒適的墊子上，但確保它不要太過舒適，否則我們可能會打瞌睡，開始看到星星！一旦取得適當的坐姿，則應專注於呼吸。首先要吸氣，直到我們的注意力和氣息到達肚臍下方四英吋的位置。接著，將我們的注意力和氣息盡可能長久地保持在那個位置，但同時不要造成任何的不適，注意要溫柔對待自己。若有辦法在舒適的情況下達成，就將氣息和注意力保持在肚臍下方四英吋處至少21秒，一旦達到極限，便輕輕呼氣。上述的總結是，這個技巧要專注於吸氣，保持在肚臍下方四英吋，然後呼氣。

如果發現自己難以持氣，則可單純正常呼吸，同時專注於肚臍下方四英吋的位置，那裡是所有能量集中的地方。無論是否要練習持氣，都應該確保自己在整座修持中都能全然安住於當下。

初期，我們可以七次呼吸為一輪並數三輪，休息幾秒鐘後再繼續練習呼吸技巧。最終，我們可進展到每天21座，或甚至多達100座。總結上述，最重要的建議是：要每天練習。以禪修修持來說，是沒有休假的！

衷心祝福諸位的禪修修持都能有所成功。

16

拆除佛法與生活的高牆

▍任何行為，只要加上菩提心的修持，都能使其轉化而變得充滿意義。

我們應當將整個生命都視為修持的一部分——而非只是念誦祈願文、持誦咒語和禪修。否則，我們可能耗費多年於所謂的修持，卻看不到任何進步。許多學佛的人，即使經過多年修持也看不到任何改變，以致感到失望。身為修行者，如果不瞭解正確的修持方式，就很難讓修持奏效，而這意味著要拆除將佛法修持與日常生活分開的那堵牆。

例如，即使是日常生活中簡單如喝杯咖啡的動作，也能轉化為具有意義的佛法修持。打個比方，當我們享用咖啡時，可以細細思量自己是多麼有幸而能享用這種飲料，此外，又有多少人沒有這樣的幸運。再來，我們可以祈願，希望所有人都能獲得如此幸運的條件。任何行為，只要加上了菩提心的修持，都能使其轉化而變得充滿意義。

這只是個簡單的例子，不過，在我們日常活動的範圍中，還有很多可讓我們思及他人的方式。而這個絕佳方式，能使我們的整個生命都成為生氣勃勃的修持。

17

穿別人的鞋

▌藉由更寬廣的視角，開始理解他人的觀點，並培養對他們立場的悲憫和同理心。

如何以積極態度面對生活中的一切？

生活中有著各種意想不到的事物，而這些驟然出現的事物，並不總是讓人愉快。我們在面對困境時，若不謹慎處理並保持積極的態度，最終肯定不會快樂；而且，如果事件情況嚴重，甚至可能導致抑鬱。

為了將艱難時刻轉化為具有意義的經歷，我們必須明確了解這個重要觀點：如果我們在處理困境時，受到嗔怒、嫉妒、貪愛等煩惱所左右，只會讓自己更加悲慘。相反地，遇到麻煩的情況時，應該努力控制煩惱，並試著全面考量；這是因為，若能從多方的角度和不同的觀點來觀察，我們或可對自己何以會身處其境有更深入的理解。

藉由更寬廣的視角，我們或許也能開始理解他人的觀點，並培養對他們立場的悲憫和同理心。因此，每當我們在生命旅程中遇到困難時，應該懷著積極的態度，用理性且具建設性的方式來應對這些情況。

18

佛法是什麼？

▍我們應該避免無論大小、所有種類的不善之行，並修持善行。

不從事任何的不善行

一、日常生活中，由於我們多生多世以來所養成的強烈習氣，相較於從事善行，從事不善行是更容易的。

二、若是不把諸佛菩薩的教導付諸實踐，以期導正我們的行為方向，則我們的生命將不再那麼具有意義，我們與解脫的距離也將變得遙遠。

三、既然煩惱是造成所有墮罪之因，當它們一旦生起，就應該首先立即認出這些情緒，接著應用我們從師長那裡學到的有效對治方法來確實處理，最後，則是不讓這些情緒還有任何能擊敗我們的機會。如此，我們將可隨時以善巧且智慧的方式，管理我們的情緒。

四、初始狀態的煩惱，其實並不那麼強大。然而，在我們的滋養下，隨著時光流逝，我們的情緒變得日益粗重，以致成為我們生活的主宰，並有能力最終毀掉我們寶貴的生命。

五、情緒逐漸強大有三個原因。在情緒生起的一開始，我們幾乎沒有注意到它的出現。中間階段，情緒漸漸在我們內心紮根，逐步改變我們的生活方式，我們開始以不明智的方式思考和行動。最後，情緒變得有如排山倒海而來，到了這個階段，就很難加以根除了。

因此，我們應該時時刻刻都保持正念，絕不允許煩惱在我們心中紮根。

盡力修持善行

一、善行是我們幸福、健康、長壽，以及希望自己和摯愛能獲得之種種善好事物的主要成因。

二、為了培養福德，我們必須全心全意，懷著慷慨和慈愛，從事身、語、意方面的善行，並且不僅對那些與我們親近的人，而是對所有人都保持良善的心態。

三、在所有行為中，心意方面的行為是最重要的，因為若無完善的發心，任何形式的行動都不會帶來利益。舉例來說，當我們念誦祈願文的時候，如果沒有帶著想要幫助他人的良好動機，我們的行動將不會為自己或他人帶來預期的利益。

四、從事善行對我們的福祉來說至關重要。我們必須隨時對自己的行為保持正念，因為善與不善之間的界限非常細微，唯一的區分只在發心。

五、確保我們日常生活所作所為都具有意義的最佳方式之一，是在早晨醒來時就確立強烈的動機，並思惟：「從現在直到就寢，我要對自己所有的行為都保持極度謹慎，尤其是心意方面的行為。」我們必須監控所有流經自己心中的念頭，以避免不善之行的負面影響，而正念和正知的修持，可說是極其有效引導我們的工具。

調伏我們的猴子心

一、佛陀在一生中為弟子們傳授了八萬四千種教法。所有這些教法的主旨都在於幫助我們調伏自己的狂野心，暫時緩解煩惱所帶來的負面影響，並最終為了一切有情眾生而證得菩提。

二、正如寂天菩薩所說，一頭野象可以毀掉一個寶貴的生命，但如果我們任由自心狂野奔放，則可能毀掉〔自己〕未來的許多生世。因此，無論這段旅程有多麼艱難，我們都必須盡一切努力來調伏這個猴子心。

三、佛法修持各式各樣，然而，掌控自心，則是佛法修持最根本的要素。

四、為了達到調伏猴子心的目標，我們必須時刻觀照自己的念頭，尤其要注意負面的念頭。根據佛陀所說，心是內外世界各種存有的創造者。例如，我們在夢中，往往覺得一切都是真實的，然而在醒來的那一刻，卻無法向他人展示夢中的任何東西。同樣的，人們的心受到無明所迷亂，通常會看到並感到一切都是真實的，可是，一經分析，卻找不到任何究竟真實的事物。

五、因此，我們所採取的任何佛法修持，都應該包括調伏自己的狂野心，以利我們為一切有情眾生獲得了悟，終而使自己和他人脫離輪迴。

這，就是佛法。簡而言之，我們應該避免無論大小、所有種類的不善之行，並修持善行。而且，最重要的是，我們所從事的每一項修持，都應該有助於調伏自己的狂野猴子心。若能做到這一點，就可稱為佛法。

19

把心打開，讓智慧流進來

▍應超越個人狹隘的觀點，尋求有經驗者的明智建議。

如何面對生命中的意外？

生命中可能會出現許多意外，而我們未必能有充分的準備。面對這樣的挑戰時，我們必須繼續認真過活，保持心態開放，明智但不盲目地信任他人。

若是只從自己的角度來觀察情況，便會將錯綜複雜的世界簡化為真相的一個狹小片段。這種取向，可能會對自己和他人產生嚴重的不幸後果，因為在未能全面瞭解狀況的時候，我們終將做出各種錯誤的判斷。因此，為了所有相關人士的利益，我們應該不斷努力擴大自己對於日常面臨情境的理解，以期超越個人狹隘的觀點，獲得更為完整的畫面。

與此同時，尋求有經驗者的明智建議可能會有所助益，因為他們可提供額外的寶貴視角，豐富我們對世界的看法，進而帶來更明智的行動方針。

20

聰明選擇，成就幸福生活

▍生命寶貴，應優先考量最具有助益的事物，為生活帶來幸福。

如何讓生活過得有意義並且理性明智？

生命並非關乎獲取財富、名聲或權力。許多人都擁有這些，但依然不知足、不滿意，也不開心。那麼，我們可能會自問：我們生命的目的是什麼？當然，不同的人，有著不同的信仰和優先事項。

就短期而言，如果沒有足夠的物質資源，我們確實可能在這個旅程中面臨困難。舉例來說，如果資金不足，或許就無法養活自己和所愛的人。然而，無論我們擁有多少資金，都絕對不可能實現我們究竟的目標。若想過著具有意義的生活，則累積財富和獲取權勢，充其量只是或可有助於達成更重要目標的有利條件，而這個目標乃是為自己和他人帶來長久的利益。

我們的生命相當寶貴，但我們並不曉得自己還有多少時間。因此，作為具有遠見的人，我們應該明智地考量哪些事物能帶來助益，並藉由過著具有意義和目標明確的生活，為自己和他人帶來幸福。

21

調伏身、語、意

▍斬斷你的投射模式，並增長你的禪修覺受和了悟。

你應該調伏自己的身、語、意，且奠基於戒律的穩固基礎上，藉由聽聞、思惟和禪修來減少煩惱。

在藉由思惟培養定解後，斬斷你所習得的投射模式，並增長你的禪修覺受和了悟。接著，當你逐漸契合法性的本然狀態時，則單單以致力禪修為首要之務。

初期階段，要對上師生起虔敬，並逐步善加打造厭離世間八法的基礎。

中期階段，離於念頭和散亂而安住。

後期階段，則以持續精進的盔甲，不離正念、正知且不放逸而安住。

22

成就解脫道之發願文

▍蘇曼噶旺仁波切

首先需具八暇十滿，此乃成就解脫道的無上基礎。
其次必須值遇法門，亦即無上正法。
其後須由真實上師引導。
重中之重者，
則三門一切所為絕不違背勝者所說教言，
且應隨時以不放逸、正念和正知而行。
最終，信心、發心、精進將為法道帶來成果。

2020年11月15日

23

修持最好的時間

▍從晨起到就寢之間，避免一切不善之行，唯有從事善行。

我們應該如何修持？

作為佛法的新手，我們或許不曉得日常應該要做什麼。不過，毋須為此感到壓力，因為過度逼迫自己，可能對精神發展產生不良的影響。反之，我們應該緩步且謹慎地著手，花點時間，學習關於佛法的一切。這種取向，肯定能為我們解脫道的學習和修持帶來正面的成果。

新手常犯的一些毛病包括：不切實際地期望自己能在缺乏理性判斷的短期內獲得證悟，對於應當盡力避免煩惱及其隨後有害行為的誓言並未認真看待，以及未能將自己所知的佛法教導應用到日常生活中。佛法的教導如同大海般寬廣深邃，儘管我們確實不完美，但仍應盡己所能地在心中真誠依循佛陀的教導，藉此而為我們的生活帶來積極的改變。

明智的建言和教導，並非僅僅用來欣賞仰慕，或者作為書架上的裝飾。雖然我們可能無法圓滿修持一切，但在每日醒來的那一刻，都應該發自內心地承諾：從晨起到就寢之間，都要在力所能及的範圍內，避免一切不善之行，唯有從事善行。這是展開一天的最佳方式之一！

24

禪修教導的要點

▍應當保持自心的平等禪定，好比婆羅門的織線，既不過緊、也不過鬆。

根據往昔上師的教導，有必要從聽聞教法、思惟教法做為起點。事實上，教導說，這兩種修持是能讓禪修有所進展的方法。

為了饒益我們的禪修修持，應當銘記上師和真實傳承持有者的口訣教誡，並領受灌頂、口傳和教授。尤其，要對上師和三寶保持虔敬、信心和清淨觀，這猶如禪修修持之首。

接著，透過正念、正知、不放逸，既不執持過去、也不期待未來，而是真實自然地安住於當下的覺知中。應當保持自心的平等禪定，好比婆羅門的織線，既不過緊、也不過鬆，並且恆時離於各種想要拒斥或成辦的念頭。

最後，則如本嘎蔣巴桑波[1]所說，要脫離對世間八法的貪愛，這猶如禪修修持之足。若能盡己所能地依照這些教誡來修持，必定能使此生及未來諸多生世都意義重大。

---

1 譯註：Bengar Jampal Zangpo，十五世紀的噶舉大師，撰有著名的〈金剛總持簡短祈請文〉，音譯名號出自〈十七世大寶法王噶瑪巴官方中文網〉。

25

理解禪修

▍保持正念、正知、不放逸。

我們應當如下理解何謂禪修的修持：

不讓自心落入對於過去或未來的念頭之中，而應讓自心安住於當下所生起的一切，同時保持正念、正知、不放逸。最重要的是，應當避免自己被種種破斥或成立、拒絕或迎納的念頭所帶走[1]。

1　譯註：意思是對一切不予破、立或迎、拒。

26

了悟法性

▍藉由自然安住，將能赤裸了悟法性。

莫作憶念：超越導致能所二元分別念的貪愛對境。
超越瑜伽修持，不依觀察分析。
故而，應當本然安住於自心明性的當下自性中，不散亂、亦不造作。

若我們在取捨方面的修持尚不穩固，則將如同被風擾動的池塘，落入因緣之力的掌控中。
故而，要安住於自然狀態中，並且捨棄造作。

莫作想像：讓當下的心本身，無造作地休息。
莫作思惟：應當放下對於未來的期待。
若有捨離和迎納，將無法進入甚深的等持禪定。
若能保任瑜伽的實修狀態，分別念的力量將失去立足之處。

莫作禪修：否則將落入錯謬理解空性的邊見。
最初相信事物存在，隨後認為其不存在，以致無法如理了悟真實的自性。
故而，要自然安住於顯相中，而能值遇法性。

莫作分析：不要專注，而是安住於單純如是的本然狀態中。
如果進行觀察分析，則無論多麼擅長，仍舊只能停留在性相特徵的範疇中。

由於各種的好壞念頭，我們將無法值遇法性的面目。
故而，不動搖，亦不落入造作，藉由自然安住，將能赤裸了悟法性。

期待卓越優秀，或者希望修持良好，將導致你失去自然狀態。
因此，要直視超越智識而極其清明的自性，它是自知自明的。

27

正確的禪修

▍禪修者在禪修過程中，應該恆時保持正念和正知。

如何以明智且具義的方式進行禪修？

當今有許多人在修習禪修，這件事確實很棒，因為禪修在短期內有助於大量減少紛擾的念頭，而且若是繼續進行修持，禪修者將能逐步達成內在的全然解脫。然而，成功的禪修修持卻有許多的要素。

首先，來自合格師長的適當引導和建議是非常重要的。其次，禪修者的修持能否帶來效益或具有效率，聽聞和思惟具有極大的作用。最後，禪修者應該在整個修持過程中恆時保持正念和正知。

若不依循這些必要條件，僅僅閉上眼睛坐在墊子上，我們哪兒都到不了。這種不明智的取向，就像把冰箱裡所有東西都扔進鍋裡，卻期待美味佳餚出現那樣。在大多數情況下，我們從YouTube頻道等不可靠的來源獲取許多訊息，而那些只會使我們走上歧途。失敗與成功之間的差距並不大，我們必須依循所有正確的步驟，而使自己的禪修得以奏效。最重要的是，為了使禪修帶來正面的成果，就必須以明智且具義的方式進行修持。

28

絕妙甘露：岡波巴四法的概要

將事物視為如夢如幻，遣除執以為實的信念。

如同傑・達波拉傑所教導的[1]，放棄對輪迴的執著並生起出離心，以信心、精進和智慧來追求解脫。此為第一法「轉心向法」。

以珍視他人的慈心與悲心，生起真正的世俗菩提心，以此為基礎，將顯現一切如夢現象的緣起。此為第二法「以法為道」的適當條件。

不要讓一切僅只停留在知識理解的層面。反之，要藉由觀修無常，遣除對今生的迷惑執著。並且要對因果不虛的確切自性，保持正念和正知。藉由了悟輪迴的過患，捨棄執著和迷惑。以恆時的慈心與悲心踏上廣大的法道。藉由將事物視為如夢如幻，遣除執以為實的信念。這是第三法「道遣除惑」。

第四法「惑顯為智」，關於迷惑如何顯現為智慧，儘管從迷惑的角度來看，事物似乎有著生滅，但在實相中，它們的本質從本初以來即無有造作。因此，一旦了悟這個自性，所有迷惑的現象都將顯現為智慧的自性。一旦如此了悟，我們的人生將變得具有意義，且能達成值遇真實上師的目的。在品嚐無上佛法的甘露之後，我們的心相續將得以成熟。正如早期噶舉大師所說的，孩子若追隨父親，將實現究竟目標[2]。

1　譯註：Je Dakpo Lhaje，即是岡波巴祖師，意思是達波地方的醫師。

2　譯註：在噶舉傳承著名的〈遙呼上師祈請文〉中，提到「子隨父之行跡祈加持」。

29

你是哪種修行者

▍漸修者是教法的堪受法器，依次修習，大多數人都應以這種方式修持。

在法道上的行持階段，有三類修行者：頓悟者、繞道者和漸修者。

頓悟者
（simultaneists，藏文 གཅིག་ཆར་བ་，原意為「頓斷」）

頓悟者對上師有著虔敬，往昔累積了廣大的福德，且僅有少許的障礙。這類修行者藉由祈請上師、聽聞佛法或徵兆顯示之力，一旦禪修，將於剎那間了悟三種較低〔外〕瑜伽的修持，而毋須漸次修持，並在了悟較高〔內〕瑜伽的修持時，較低瑜伽的禪修覺受和了悟也會同時顯現。而這樣的人，如同晨星那般稀有。

繞道者
（bypassers，藏文 ཐེས་རྒལ་བ་，原意為「頓超」）[1]

至於繞道者，由於他們往昔修習、積累福德和聰慧能力屬於上等的層次，有時可能不會出現寂止（奢摩他）的禪修覺受和了悟，卻會發生勝觀（毗婆舍那）的禪修覺受和了悟。其他時候，僅會顯現寂止的禪修覺受和了悟。或者，有時兩者都不出現。

1　譯註：此類或稱「直指」，因根器銳利不需依次修持，而是透過上師直指。

漸修者
（gradualists，藏文རིམ་གྱིས་པ་，原意為「漸次」）

漸修者是教法的堪受法器，只是過去所累積的福德和修習屬於下等的層次。當他們首次踏上法道的次第時，應當首先修習寂止。到了中間階段，應當致力修習勝觀。最後，則應精進修持止觀雙運之道，如此一來，禪修覺受和了悟將會逐漸顯現。大多數人都應以這種方式修持，由於這種取向非常安穩，應當廣為引介。

第二篇

讓「燈下黑」的寶藏現身吧

就在自心、不必外求的智慧

每個人的心中都有一座寶藏，
只是自己看不見。
用智慧與覺知擦亮你的心，
讓自身佛性重新閃閃發亮，
做個心靈世界的億萬富翁！

30

做自己的心靈健檢師

▍我們可以藉由保持正念來守護自己，免於內在的煩惱污染。

如何關照自己的內在健康？

大多數人都關心自身的福祉，尤其著重於身體健康，這一點從四處林立的健身房與運動中心便可見一斑。由於日常飲食供應與環境中充斥著各種化學物質，我們確實應關注自身健康。舉例來說，每當我們踏出家門，就有可能吸入有害的空氣污染物。

照顧身體健康固然重要，但許多人卻忽略了幸福最關鍵的要素之一，也就是防護自己免於煩惱這類的內在污染。我們可以藉由保持正念來守護自己，如此便能立即認出所生起的各類煩惱，例如嗔恨、貪愛、嫉妒、驕慢與惡意等，這些煩惱都會逐漸侵蝕我們的快樂與幸福。

下一步則是採取有效的對治方法，以削弱這些煩惱的力量。可惜的是，許多人往往未能察覺這些有毒煩惱的潛在危害，它們在日常生活中為我們帶來巨大的痛苦、焦慮與擔憂。這些內在毒素初時或許看似無害，但隨著時間推移，其負面影響無疑將如貓兒變成猛虎那般日益加深。事實上，東方醫學認為，疾病的根源即是三毒。因此，懇請大家要對這些有害的煩惱保持警覺，並竭盡所能地加以認出且清除。我們不僅要注重身體的安康，更應該提升對這些內在毒素的覺察力，因為它們具有毀滅性與危險性，不僅危害我們的內心平靜，更成為修道順利進展的障礙。

31

付諸行動之前，先為他人設想

在關切自身福祉的同時，也要關切他人的安康。

我們在面對挑戰時，往往會以自身的信念與修持作為依靠。這確實不可或缺，但更重要的是持續觀照自身的行為，以塑造對自他皆更具意義、更具饒益的未來。因此，於當今所面臨的困境中，我們必須在關切自身福祉的同時，也要關切他人的安康。如此一來，我們的祈願便能更具力量且更有目標。

32

以智慧與慈悲來面對考驗

▍用智慧與善巧來應對，以期達到對自己與他人最有利的結果。

每個人在日常生活中，都會經歷起起落落。一般來說，誰都無法逃開這種苦樂交錯的動盪不安。儘管我們無法找到立即解決人生一切境遇的靈丹妙藥，與此同時，既不能讓問題吞噬人生，也不能對其視而不見，期待它們自行消失。反之，應當審視眼前的當務之急，以免讓生活陷入混亂。首先必須知道，有些問題可以有效化解並徹底根除，有些問題則必須學著與之共存。

我們在應對各種境遇之時，必須修習安忍，並且態度務實。例如，覺得餓了，就只要抓把食物來吃，就可以解飢。然而，對於家庭問題或必須與不友善的鄰居共處等這類特定情況，就必須學會接納。而在這些情況中，我們應該盡量用智慧與善巧來應對，以期達到對自己與他人最有利的結果。

單憑希望與祈求，無法改變現實。反之，應當接受當前的一切挑戰，並以慈悲與智慧來面對。這正是善於處世者所習得的道理。因此，為了個人的福祉，我們應當學習如何應對日常生活中無可避免的境遇。

33

從錯誤中學習

▍將以前所犯的過失當作學習，以及讓自己更為進步的契機。

人人都會犯錯。過失本身並無實質意義，若未加以反思檢討，恐怕只會重蹈覆轍。然而，若懷著改過遷善的心態，便能將以前所犯的過失當作學習，以及讓自己更為進步的契機。

34

修煉思考力

▎不應只從自身的角度看待事物，也應同時考量他人的觀點。

如何做出靈活而全面的決策？

生命中的任何決策，都必須以全面且靈活的視野來進行判斷，否則，即使是聰慧之人，也可能做出不智之舉，並引發深遠的影響。重要的是，我們不應只從自身的角度看待事物，也應同時考量他人的觀點。倘若僅是執於己見，便如同隔著小孔來看世界，難以窺見全貌。因此，若能廣納他人與眾賢的明智良言，我們的決策必能帶來正面的結果。

35

轉念，邁向光明

▍以開闊的心胸迎對，即使最意想不到的境遇，也可能為生命帶來光明。

生活中的困境應如何面對？

保持正向的人生態度，始終是有益的。然而，當我們面對日常挑戰時，可能不易持守這樣的態度；但與此同時，若是任由困境摧毀美好的人生，我們也承擔不起。歸根結底，就在於我們處理挑戰的方式。若以開闊的心胸迎對，即使最意想不到的境遇，也可能為生命帶來光明。因此，無論遭逢何種情況，能否將其轉化為有利於己的契機，端賴自身。

36

作個選擇高手

▎以各種角度來檢視自身的欲求，並實踐最有益之事。

如何明智選擇你的目標？

人生萬事皆有利弊得失，因此，我們必須以全面的視野來考量，以便抉擇取捨。舉例而言，我們可能會希求財富或名聲，但這些皆伴隨著利益與代價。財富與名聲肯定無法保證快樂，對某些人而言，反倒增添煩憂與焦慮。因此，我們應當以各種角度來檢視自身的欲求，並選擇實踐最有益於個人整體福祉之事。

37

看向內心最深處的黃金寶藏

▎真實自性始終清淨。好比黃金，即使蒙塵，價值依然不減。

如何時時反觀內在，令真實自性得以彰顯？

在我們的內心深處，皆具有自然且真摯的愛與關懷，這正是佛教徒所說的「佛性」。然而，受到外在因緣的影響，我們或許偶爾會生起嫉妒與嗔恚。然而，真實自性恆常不變，始終清淨。好比黃金，即使蒙塵，價值依然不減。因此，我們應當時時反觀內在，看著自己的真實自性，試著不讓一時的煩惱擾亂我們與他人的相處。如此一來，生命便得以提升，更具意義且更具饒益。

38

以務實的態度踏上人生旅程

▍人生沒有絕對，因此必須以務實、理性的態度踏上人生旅程。

在人生啟程之際，應當對最好的結果抱持希望，但同時不該預期一切皆如己願。人生的目標能否達成，端賴諸多因緣和合。以看電影為例，必須仰賴電力、影片、放映機、銀幕等各種條件的配合。若這些條件未能在適當時機、以適當方式備齊，我們就看不到電影了。

此外，我們未必能長久維持自己在人生中的所有成就，這取決於諸多因緣。我們必須時時如履薄冰、保持正念，否則可能失去一切。應當謹記，人生沒有絕對的確定性，因此必須以務實、理性的態度踏上這段人生旅程。

最重要的是，我們應該保持樂觀且盡力而為，因為除此之外的其他條件，都不在我們的掌控之中。若能全力以赴，則無論結果如何，我們都可能感到滿足。

39

人生如夢

▍臨終之際，真正重要的，不是資財，而是業行。

根據佛法的信念，人生恍若一場夢。我們在作夢時，往往視之為真實，夢裡既能感到快樂，也會經歷痛苦。然而，一旦醒來，我們完全無法向他人證實自己夢中那些看似真實的事物與經歷。事實上，唯有作夢的人會體驗到夢中的感受。人生經驗亦是如此。誰都無法從過去或未來降臨，告訴我們事物會是如何的樣貌；即使有人真能如此，他們又怎會有辦法真切展現出過去曾發生或未來將發生的事？可見，夢境與清醒的主要區別，僅在於持續的時間長短。

心識離開軀體之時，便如從夢中甦醒，什麼東西都帶不走。所以，此生不應讓自己承受過多的重擔與憂慮。臨終之際，真正重要的，不是我們所累積的資財，而是曾造作的業行。資財是無法帶走的，但這個心卻真實承載著我們的業力，而那些將在心識離開軀體之後，以種種樣子顯現。

這個觀點也應可提醒我們，不能僅憑表相就評斷他人。例如，動物的外相乃其過去行為所致，因此也許看似可愛或可怕，然其內在的感受，未必與外相一致。所以我相信，最明智之舉，是要保留自己對他人的判斷與評論，畢竟我們自身已背負著夠多待處理的重擔與憂慮。

40

時時勤拂拭

▌一旦妄念生起，便如蛇在膝上，立即將之拂去。

如何保持修行時候不放逸？

多生多世所累積的惡習，無法僅靠短暫的修行來斷除。因此，應當時時保持不放逸，一旦妄念生起，便如蛇在膝上，立即將之拂去。

41

世間與出世間

▎了悟諸法的真實自性，法性現前，就是所謂的出世間之道。

世間之道與出世間之道，各有其路徑。我們透過聞、思、修，對實相自性有了無謬的領會而予以抉擇，但尚未親證法性，如此屬於世間之道。

若有真實的上師，弟子也具有虔敬與不懈，進而得以了悟諸法的真實自性，則先前所見到的法性將能再度現前，這就是所謂的出世間之道。

第三篇

因為慈悲，所以欣賞不完美

放過自己、寬待他人的智慧

誰都有完美的佛性，
也都有貪嗔痴的人性，
仁慈寬待自己與他人的不完美，
就是慈悲智慧的鍛鍊。

42

心懷溫暖，關愛他人

▍在譴責他人之前，先深呼吸，且捫心自問：「我完美嗎？」

一般來說，人們都應該要心懷溫暖，彼此關愛。這是因為，從佛法的觀點而言，眾生皆具佛性，意思是只要在具德上師的引導下精進修持，眾生皆有成就佛果的本具潛藏力。然而遺憾的是，人們也很容易受到舊有習氣和生活情境與周遭環境的影響。由於關愛他人，就是照顧自己，所以應當盡可能心存慈善，關愛他人。正因如此，修持悲心有助於我們了悟這份無上的潛藏力。無論當下多麼困難，只要以悲心行持，諸事終將圓滿達成。所以，每逢有助人的機會，都應毫不疑惑地伸出援手。反之，如果有任何情況引發我們想要傷害他人的念頭，或是看來有可能導致我們為了短暫私利而讓他人受苦，就應該全心全意地徹底拒斥這樣的衝動。

這個世界上，每個人觀點各異，我們無法總是認同他人的見解。但若真的必須表達自己不同的信念，也應盡量委婉、得體地說明，以免傷害對方的感受。而在許多情況下，保持沉默往往是更好的選擇。

每個人心中都有一些難熬的過往，最好的方式，就是單純讓它們靜靜留在記憶裡；因為執取不放，或者舊事重提，只會延續痛苦的循環。在譴責他人有誤或是出言不遜之前，不妨先深呼吸，並且捫心自問：「我完美嗎？」若不是，就只要報以微笑，轉身離去。如此一來，才能延續彼此的友誼與尊重。

43

學會寬恕與放下

勇敢邁出通往和解的一步，是人生旅程中最為關鍵且意義重大的一項作為。

人生的經歷，尤其是那些艱苦的時刻，往往能帶來深刻的啟示。我們應從困頓經驗中學到的事情之一，就是要足以勇敢而寬恕那些曾傷害過我們的人。這些經歷讓我們明白，心懷怨懟從未帶來安慰，反而只會讓痛苦更加深重。若能理性地審視處境，便會發現，寬恕他人不僅是為了讓對方心平氣和，更是為了讓自己安然自在。因此，為了化解那些困頓且痛苦的情況，也為了所有當事者的利益，我們應學著放下過去，專注於當下的情況。

與其因過往事件感到懊悔，我們更應認清：若是固執地不願接受現實，無法放下又不得前行，只會讓痛苦延續。儘管一開始似乎難以放下舊怨，但長期懷抱憤怒，只會讓情況更為惡化。每當我們有機會可透過寬恕來提升生命的品質，都應該毫不遲疑地加以把握。若是此刻猶豫不決、繼續懷恨在心，未來不見得還能有時間療癒自己與他人的過往傷痛。因此，勇敢邁出通往和解的一步，是人生旅程中最為關鍵且意義重大的一項作為。

44

有好心態，才有好狀態

▍設身處地，嘗試理解對方的觀點。

如何保持通情達理且廣大開放的心胸？

每個人的外貌不同，背景各異，但內在的感受與關切卻大致相同。因此，當我們面對無理的指控時，與其衝動回應，應當先退一步，明智地思量事情的來龍去脈。重要的是，我們應時時設身處地，嘗試理解對方的觀點，並反思：若自己也處在那樣的情境中，會如何應對？透過這樣的方式，我們或能理解並洞察他人的動機，並同理對方的難處。

在我們遭遇艱困的考驗時，不應被憤怒左右，而必須敞開心胸，以理性的態度，尋求和平化解分歧的方式。因此，我們應時時努力站在他人的角度，理解對方的行為何以乍看之下不合情理。即使問題或許無法完全化解，但我們至少能以正向的態度，坦然面對眼前的情勢。

45

正向思考

▍凡事努力看見他人的優點，留意情境中最有利的面向。

如何培養正向的心態？

在日常生活中，每個人都會遭遇種種困境，然而，我們應時時培養正向的心態，來面對人生中的各種境遇。凡事努力看見他人的優點，留意情境中最有利的面向，向來都能帶來助益。這往往需要一種更為全面的視角，以看待自己與他人的互動。我們應設身處地為對方著想，並致力保持積極正向的態度。

許多時候，人們習慣只從自身利益的角度看待事情，但這種求取己利卻罔顧他人的心態，只會使局勢更加惡化。相反地，若能綜觀全局，超越個人得失的考量，並努力尋求最具意義、最有益於眾人的解決方式，則終將達成雙贏。

以正向心態應對挑戰，能讓我們邁向一個更健康、更從容的人生。當我們面對困境，或處於不如意的情勢中，若能以宏觀的心態來回應，一定會帶來更佳的結果。

確實，與人相處並非總是輕鬆簡單，然而，我們可以從自身做起，盡力以正向的態度，走好人生中的每一步。

46

信任不是理所當然

▍在與親人和摯友的互動中，明確表達彼此的期望，並且避免預設立場。

人與人之間的信任，需要時間才能建立。但這份信任，也容易讓我們處於脆弱的位置。遺憾的是，人們常將信任視為理所當然；當期望落空，或信任遭到濫用時，總會令人相當心寒。

以託付財物為例，我們往往相信親友會以我們的最佳福祉為考量，因此毫無保留地交託金錢或財產。然而，許多爭端正是由此而生。凡是涉及金錢與財產之事，為了避免日後產生分歧，相關各方皆應妥善保留清楚記錄，以期保護所有當事者的最佳利益。

在與親人和摯友的互動中，明確表達彼此的期望，並且避免預設立場，尤其重要。唯有如此，才能守護這份珍貴的情誼。

47

沒有人是完美的

以尊重的態度對待他人，且不抱持不切實際的高度期望與標準。

為什麼要用尊重的態度與人交流？

與人溝通時，我們所交流的對象不見得是完美的個體。每個人都有值得讚賞的優點，也有缺點。我個人的看法是，若對方的缺點並不構成多少傷害，我們應將注意力放在對方的優點上，而非執著於那些過失。

若我們總是聚焦於他人的過失，反而容易助長自己內心的煩惱，例如怒氣、嗔恨與輕視，這對任何人都毫無助益。

因此，以尊重的態度對待他人，且不抱持不切實際的高度期望與標準，才是明智之舉。如此的態度，正是建立深厚友誼的第一步。

48

以正念滋養身心

▍將正念練習納入日常生活中，以維護我們的心理健康。

如何照顧自己的心理健康？

當今社會中，許多人生活在不健康的環境裡，這對身心都造成了多方面的負面影響。為了維護個人的身心福祉，我們應努力在生活中營造出和諧的條件。

一、首先，從身體健康談起。如今我們有幸得以從書籍與影片中獲取許多健康資訊，應當仔細聆聽專家們的建議，了解如何保持良好的生活方式。

二、營養均衡的飲食與規律的運動，是健康生活的重要支柱。不過，我們也應避免走向極端。畢竟，適度拿捏才是成功的關鍵。

三、睡眠同樣是維持身體健康不可或缺的基礎。根據健康指南，我們應盡量讓自己每晚睡足八小時，並盡量避免熬夜。

四、關注健康不能只停留在身體層面，因為心理的健康同樣非常重要。實際上，心理健康可能才是我們生活中最根本的一環。人的心理狀態十分脆弱，一旦受到負面影響，往往會帶來嚴重的後果。即使身體正在休息，心理卻可能依然不斷運作，如此將危害心理的福祉。在這個高度依賴電腦的現代社會中，許多人長時間處於思緒運轉的狀態，心理的負荷往往超過身體，壓力自然就不斷累積。

五、事實上，壓力如今已成為全球許多國家的主要健康威脅之一，無論性別、種族為何，全都無法倖免。即使下班離開職場，許多人仍舊帶著焦慮回到家中，持續緊盯著電子郵件與手機。有鑑於此，學會關照心理健康，比過去任何時候都更加重要。

六、憂慮與焦躁無法帶來任何實質的助益，反而只會損害健康與幸福。因此，我們應努力減少壓力的積累。

七、此外，也應避免追求不切實際的目標，否則必將陷入失望。與其如此，應當將正念練習納入日常生活中，以維護我們的心理健康。

八、試著讓自己適度抽離，以便心理能獲得真正的休息，也不要任由無謂的煩憂滲入生活。我鼓勵每個人每天撥出時間，五到十分鐘也好，試著做呼吸練習，以維護自己的心理健康。

49

化困境為契機

▍掌握情勢，將困難轉化為修持的機會。

人生充滿變數，而我們要學習的，是如何應對那些自己遭逢的逆境事件。與其一味想要逃避，我們必須勇於面對，並且明智處理。

成敗與否，取決於我們是否能善加掌握情勢，將困難轉化為修持的機會，而使之有益於自身。

50

無時無刻持守戒行

▍奉行真理，無論結果如何，都應維護戒行。

我們必須時時保持真實、誠懇而真摯的態度，並對自身的言行舉止負責。然而，與此同時，也不能期待這樣的態度每一次都會帶來正向的結果。有時候，我們仍可能必須面對令人痛苦的後果，而此正是各種事物的自性。

奉行真理，並非為了獲得美好的結局，而是無論現前結果如何，都應維護戒行。不過，值得深信的是，從長遠來看，持守戒行所感得的業果，必定是有益的。

51

苦難中，照見愛與關懷

▍與其陷入痛苦與焦慮，不如接受當下的情勢，盡己能地專注努力度過。

噶旺仁波切關於新冠疫情的訊息之一。[1]

這段期間，對我們所有人而言都極為艱難，對於在中國、南韓，以及近期在義大利、西班牙、美國和世界上許多國家的人們而言，更是如此。在這樣痛苦的時刻，我們都應懷著悲心，共同關懷世界各地成千上萬因新冠病毒而深陷難忍之苦的人們。

儘管，作為一個個體，我們或許無法減輕千萬人的痛苦，但我們至少可以發自內心地傳遞真誠的愛與關懷，而這份慈悲的力量與深度，可以是無法估量的。

如大眾所知，疾病的作用就是帶來痛苦與折磨，無關乎種族、性別或國籍身分。因此，我們真正該對抗的，是病毒本身，而非彼此對立。在這場戰役中，唯有團結一致、遵循衛生防疫機構的指引，才能守護自己與他人，遠離病毒的侵害。

尤其，我們應當感謝所有在這段艱困時期挺身而出的醫師、護理人員與志工——他們每日冒著生命危險，只為了守護大家。

1　編註：本書寫作期間正逢新冠疫情肆虐全球，因此有若干篇幅與疫情相關。

雖然我們在這段充滿不確定的期間，或許暫時無法自由享受平日喜愛的活動，但另一方面，卻也讓我們多了能與摯愛親人真切相聚的機會。

我明白，這段時間確實極為艱難，然而，與其陷入痛苦與焦慮，不如試著接受當下的情勢，並盡一己所能，共同專注地努力度過。這樣的態度，也更為理性與實際。

我認為，於此重要時刻，我們要反思與省察：哪一種方式，真正對眾人都最為有益？

最後，但也同樣重要的是，讓我們一同念誦藥師佛心咒，祈願帶來祥和、幸福，並遠離病苦。

52

在覺知中修持菩提心

▍若能了知一句真實的佛法，並落實於修行中，就能使人生別具意義。

首先，此生得以獲此殊勝人身，並非偶然的幸運，而是累世積聚福德的結果。為了善加利用此生與來世，我們應當修持真實無上的正法。

此外，若未依止具德的上師，就有可能偏離而依循邪謬的教導。最重要的是，若能了知一句真實的佛法，只要將它落實於修行之中，就能使這個人生變得別具意義。

反之，縱然學了許多的教法，若不身體力行，也將毫無助益。切勿落入讓修行成為佛典紙上文字的過失。尤其重要的是，身、語、意的一切行為，皆不應違背佛陀所說之法。

總而言之，即使我們無法修持許多教法，但最重要的是絕對不可傷害他人，並且要盡己所能地利益眾生。為什麼呢？因為若無有情眾生，也無佛可成。以證得究竟佛果而言，佛與有情眾生並無差別。尤其要記得，世間一切有情眾生，無一例外地皆曾作過我們的父母。因此，在我們的心相續中，必須恆常保有慈心、悲心與殊勝的菩提願心。

53

為所有人祈禱

▍請大家一同為防疫英雄祈願迴向。

說出「我關心你，我會為你祈禱」是很容易的，但在疫情爆發的時刻，無論中國或世界各地，要能親赴現場協助他人，卻極為困難。因此，所有在第一線提供支援的醫師、護理人員與志工，才是真正的英雄。若沒有他們，那些正在與病毒搏鬥的人們，幾乎看不到希望。請大家一同為這些堅毅的勇士祈願，我也會為所有人祈禱迴向。

54

化戰爭為和平

▍真正的勇者，是能夠征服嗔怒、貪愛、嫉妒與傲慢的人。

戰爭是一種愚痴的行為，而非勇氣的體現。任何人，只要相信擊敗他人乃是英勇之舉，就是活在一個充滿假想仇敵與自我欺騙的世界中。真正的勇者，是能夠征服嗔怒、貪愛、嫉妒與傲慢的人，這才是真正的英雄。

當一位智者發動戰爭時，並非出於對自身幸福、成功與長壽的關切而攻伐他人，而是向自己內心的煩惱宣戰。因為他們明白，這些煩惱才是痛苦的根源，也有意願讓自己與他人免於痛苦。

我們必須用盡全力與智慧，避免為他人帶來更多的不確定與焦慮。讓我們播下和諧環境的種子，並降下慈心與悲心的甘霖。這是對所有生命而言真正意義重大的行動，也能為此世界留下一個值得紀念的足跡。

55

願佛陀加持一切有情

▎誦念藥師佛心咒，迴向眾生獲得護佑。

噶旺仁波切關於新冠疫情的訊息之二。

親愛的朋友們：

這場嚴重的新冠疫情爆發，正為全球無數的人們帶來極大的痛苦與焦慮。因此，請大家一同為整個世界，特別是正在武漢經歷困境的人們祈願。

願佛陀加持一切有情。

此外，也請大家誦念藥師佛心咒，迴向眾生獲得護佑：

得雅他 嗡 貝堪則 貝堪則 瑪哈 貝堪則 惹雜 薩目嘎喋 梭哈

Tayatha O Bekandze Bekandze Maha Bekandze Radza Samudgate Soha

第四篇

你真正能活的是：當下！

「給三門掛上覺知小鈴鐺」的智慧

追憶過去，就像在乾涸的河邊垂釣，
臆想未來，就像要畫出未出生嬰兒的臉，
只有當下才是你唯一能擁有的。

56

安處於當下

▍我們應將所有的關注和能量都投注於此時此刻，以實現生命的目的。

關於活出有意義的人生，我們許多人往往忽視了其中一個至關重要的準則，也就是安處於當下，而不容此刻悄然流逝。畢竟此時此刻，蘊含著一切成就的泉源，也承載著燦爛未來的潛能。

我們可能會觀察到，人生大部分的時光都耗費在緬懷著如夢一般的過往，或琢磨著如胎兒尚未出世而未曾親見的未來。

我們任由思緒被過去或未來所吞噬，這無非是在虛度寶貴的光陰，因為我們無法從中掌握任何有助於提升幸福的事物。

因此，安處於當下是非常重要的，唯有基於此，我們方能築構一個具有意義的生活，且最終證得解脫。故而，我們應將所有的關注和能量都投注於此時此刻，以實現生命的目的，也就是獲得快樂並與他人共享幸福。

57

我們的修持是否如理如法？

▍要將所學實踐於日常，別讓惡習阻擋我們在修道上的成長。

許多修行者想了解自己的修持是否得當。

簡單來說，可以透過兩個問題來自我評估。首先，煩惱是否不斷減少？其次，是否能釋懷並放下那些擾亂內心安定的事件？

如果答案是肯定的，表示修持的方向正確。如果雖有修持但煩惱反而增長，則意味著我們仍需努力將所受的師長教誡融入日常生活。

若能放下過往的紛擾與牽掛，將心力投注在別具意義的探尋上，則表示修持確實有成。總而言之，要將所學實踐於日常，別讓惡習阻擋我們在修道上的成長。

58

別讓話語衝口而出

▍沉默或許未必是最佳選擇，然而多一分謹慎，至少不會在日後感到難過。

今日，處於科技時代的我們，往往不經意地想到什麼就說什麼，並未考慮到如此或許會為自己和他人所衍生的後果。這種行為方式，或許不知不覺就疏離了那些真心關愛自己的人。一切行為都有其後果，恣意而行只會留下日後懊悔莫及的結果。

因此，儘管沉默或許未必是最佳選擇，然而多一分謹慎，至少不會在日後感到難過。如此一來，也不會因為無心的言論而傷害至親與好友。除非真有必要開口，或藉此能為眾人帶來更好的結果，否則不如順其自然。隨順事情的發展，將可免除未來諸多的麻煩。

59

調伏三門

▍透過聞、思、修來調伏三門並減少煩惱。

我們應當透過聞、思、修來調伏三門並減少煩惱，而聞、思、修乃戒律的穩固基礎。在斷除各種習得的增益妄念，並藉由觀修而培養信心後，便要增長禪修的覺受與了悟。

接著，漸次契入法性的本然狀態。再來，則唯以禪修為主要的致力之處。

初時，對上師生起虔敬，並穩妥地逐步培養對世間八法的出離，以便作為基礎。中期，安住在離於念頭且毫無散亂的狀態中。後期，披著持續精進的盔甲，我們將能安住於正念、正知、不放逸而無所動搖。

60

恆持正念與正知

▎凡事要秉持善念而為，更要如理行持。

禪修大師教導我們，絕對不可放下正念與正知之繩，而只將一切視為理所當然。

平日失念渙散，終將感召苦果。因此，凡事不但要秉持善念而為，更要如理行持，以免追悔莫及。

疫情困境當前，請繼續保持社交距離，與此同時，也要確保我們的心不要相隔太遠。

61

想一想，再說出口

▍開口說話前，深思熟慮，以期為對方帶來最大的利益、最小的傷害。

有時，未經思考而說出的刺耳真相，會帶給他人不必要的痛苦，且對方可能是我們最景仰的人之一。

因此，必須隨時自問，我們想說的話，是否能促進彼此的和諧、增加彼此的情誼。如果答案是否定的，保持沉默或許是最好的選擇。

當然，如果說出令人痛心的真相是為了保護對方免於危險，那就另當別論。以這類情況來說，勢必要考量長遠的後果，做出最明智的選擇。

總之，最重要的是，在你開口說話前，必須深思熟慮、權衡利弊，以便所言能於對方造就最大的利益、帶來最小的傷害。

62

知足是解脫的起點

▎知足能帶來真誠的滿意與真實的快樂。

有些人不眠不休地工作，藉由積累財富、權力和名聲來保障自己的未來。

儘管他們幾乎耗盡一生追求這些目標，成不成功卻是個未知數。就這樣，人們從少年到暮年，經歷有如雲霄飛車的人生起伏，在患得患失中度過歲月。

而世間萬物，得之不易，守之維艱，又失之甚速。這就是佛法所說的「輪迴」。

有些人看似擁有一切，卻仍未感到心滿意足。這是因為他們的貪愛和欲望永無止境。

我們應當培養知足之心，這是邁向解脫的起點，因為知足能帶來真誠的滿意與真實的快樂。當然，說要培養知足之心，卻是知易行難，但若不這麼做，只會陷入無盡的憂慮中，難以解脫。

雖然萬事起頭難，但只要我們付出努力，將能漸入佳境，最終必能找到有意義且有目標的人生。

63

時時觀照自己的言行

▍時時觀照自己的言行，將有利於追求具義的夢想。

我們都希望能在短暫的一生中，達成許多重要的事。

可惜的是，每一次的成功都須要付出時間和努力，而這是相當具有挑戰性的，尤其我們身處於此變幻莫測的世界，面臨著各種不確定的因素。再者，機會是有限的，一路上都可能遇到諸多難題。

有鑑於此，有兩個重要原則可指引我們的人生方向：

首先，應該時時盡己所能地修持善行，而無論大小廣微；

其次，應該謹慎避免各類的不善行，而無論嚴重與否，因為後者將摧毀我們具有意義的人生。

星星之火，可以燎原；剛剛點燃的小火星，最終可能燒毀整座城市。因此，儘管我們處事或許無法盡善盡美，但只要時時觀照自己的言行，將有利於追求具義的夢想。

64

活在當下

▍正念和正知能幫助我們，確保自己不至於偏離有意義的道路。

人們往往會花許多時間在追憶過去或憂慮未來。

這些耗費在思慮過去與未來的時間，大多是不必要的。如此的思慮無法擔保我們的快樂。過去已逝，反芻過去猶如在乾涸的河床上垂釣，不僅毫無意義，還會浪費寶貴的時光。未來則尚未出現，好比虛空尚未成形，花時間在臆想未來，就像要描繪一張尚未出生的嬰兒臉龐。

正如許多瑜伽士所言，現在的人生是過去所作所為的結果，而此時此刻的行為將形塑我們的未來。

因此，若想評估過去，只需檢視眼前的處境；真心關切未來，就該專注於現在的行為。

我們應當好好活在當下，而在這趟人生旅程中，最能饒益我們的兩個工具就是正念和正知。這些工具能幫助我們，確保自己不至於偏離有意義的道路。

65

無事不在變化中

不必將餘火留待明日，因為萬物皆非恆常。

何以知道且了解無常之理並將其運用在生活中會對人生有益，這有著諸多的原因。我們往往視一切為理所當然，且或許認為自己會活得很久。這種心態可說並不怎麼有益，尤其對修行者而言更為不利。

舉例來說，當我們在生活中遭逢困境而幡然醒悟時，會急於著手採取修正的行動，但常常為時已晚，難以扭轉情勢。

機會來來去去，但誰也無法預料我們能在世多久，因此必須盡可能地時時保持正念和警覺，才能把握每個有利的機會。故而，正如諸多噶當派大師所言，其實不必將餘火留待明日，因為萬物皆非恆常，沒有什麼是不變的。

我們或許過著相當凡庸的生活，但同時絕對不可忘記：變化就在身邊。我們必須學著在此瞬息萬變的環境中，過著美好的人生。

第五篇

把絆腳石變成墊腳石

放下執念、擁抱快樂的智慧

你所有的努力都不會白費，
它總能讓你「得到」，
或者「學到」。

66

迎向改變

▍與其不甘心事與願違，不如培養在任何處境中皆可安然自處的勇氣。

正如許多人在職涯中所學到的，保持前瞻性思惟並且未雨綢繆，是從容應對日常挑戰的最佳方式。

我們不僅要認清萬物的瞬息萬變，更要學會以多元視角來審視所處的境遇。儘管生命中總要面對層出不窮的各種考驗，若要成就志向，與其不甘心事與願違，或者試圖勉強改變現況，不如培養在任何處境中皆可安然自處的勇氣。

因此，我們必須隨時準備好採取新的生活方式，並接受種種或可成為「新常態」的一切。。

67

每天朝目標前進一小步

▍無論日常生活中要面對哪些困境，每次都要朝著正確的方向前進一步。

唯有堅忍修持，才能邁向目標嗎？

身為修行者，在我們通往究竟解脫的路上充滿著挑戰，時常令人感到如同攀登陡坡那般須要奮力而為。

然而，我們所經歷的每一分辛苦都具有意義，因為它使我們更趨近目標的實現。因此，修行者必須具備承擔諸多艱辛的能力，以期達成目標，但同時是以智慧、安忍與正精進之道來進行，如此終將享用努力的果實。

總而言之，無論日常生活中要面對哪些困境，每次朝著正確方向前進一步，對修道上的成長而言，都必然意義重大。

68

鏡子上的塵埃

▎時時留意自身的言行，就能避免煩惱所帶來的負面影響。

如何防止煩惱摧毀美好人生？

煩惱並非我們本具的一部分，而是如同額外的一層覆蓋。就像鏡面上的塵埃從未屬於鏡子本身，道理相同。

此外，煩惱只是無明的展現。我們可以透過以下方式來調伏煩惱：

首先，對煩惱保持正念覺察；其次，一旦煩惱生起，即刻運用對治；最後，切勿滋養煩惱。若不善加處理，煩惱將毀壞我們的美好人生。

我們雖然身為凡夫，無法完全斷除煩惱，但若能時時留意自身的言行，就能避免煩惱所帶來的負面影響。

69

接納自己的不完美

▍單純地接納自己，放下比較之心。

為何接受自己，可以獲得滿足？

若不能接納自己的狀態，或過於在意自我形象與身份認同，我們將無法獲得真正的快樂與滿足。

一旦開始與他人比較，我們的快樂便受到各種條件所影響。

因此，我們應當單純地接納自己，放下比較之心，並以此為根基來構築一切。

70

把絆腳石變成墊腳石

▍敞開心胸，成功與失敗皆能賦予我們寶貴的一課，使生命更具意義。

如何看待成功與失敗？

我們固然希望人生各方面皆能成功，然而，從務實的角度來看，不可能事事順遂、時時如願。成功與失敗都是生命中不可或缺的經歷，但兩者之間並非相隔天地之遙，而我們對成敗的衡量，往往取決於自身的觀點。

舉例而言，當我們達到某種成就時，可能會生起傲慢並開始將一切視為理所當然，如此一來，這反而難以稱為是真正的成就。

再者，我們可能達到短期目標，卻因而錯失更有意義、更為長遠的成就。

另一方面，未能達成目標時，儘管這種處境不會令人自負，卻能促使我們培養謙遜等正面品質。

所願未達的經歷，也提供讓我們汲取寶貴智慧的契機，從而幫助我們探索嶄新的方法，以實踐長遠的人生目標。

人生艱難，充滿著各種挑戰。然而，若我們能敞開心胸，成功與失敗兩者，皆能賦予我們寶貴的一課，促使我們讓自己的生命更具意義。

因此，我們應迎向一切際遇，善用每個成長與學習的機會。

71

珍惜每一刻

▍善用當下的機會，互相分享慈心、尊重與關懷。

雖然我們都希望活得長久，卻沒有誰能確知生命的終點何時到來。

有鑑於此，我們應當善用當下的機會，互相分享慈心、尊重與關懷，因為當死亡降臨之時，縱有萬般遺憾，也都無濟於事。

因此，於我們現有的歲月中，都不應讓煩惱糟蹋這珍貴的生命。

72

擁抱每個小小的快樂

▍快樂是不時閃現的體驗，請心懷感恩接受它。

快樂很短暫，該如何找到它？

快樂並非遙不可及的未來目標，而是轉瞬即現的體驗，只要我們懂得辨識並欣然接納，便能在日常生活中找到快樂。

例如，當我們與親友歡聚時，可以欣賞當下的美好，並發自內心感受那份快樂。

當我們在寒冷的天氣裡享用一杯暖飲時，亦能從內心生起由衷的喜悅，並心懷感恩。

我們也可以祝願眾生都能快樂，而這樣的心態將使生命更加喜悅且饒富意義。

然而，若汲汲營營於不斷追求更多的快樂，最終只會陷入失望沮喪之中。因此，我們應當擁抱每個小小的快樂，歡喜知足。

第六篇

活水種蓮花

讓愛動起來、讓法活起來的智慧

活學活用，
身體力行，
用佛法打敗魔法，
讓每個起心動念都是解脫的瞬間。

73

做3C的主人

▌行事之時小心謹慎、考慮周全，可保護自己與他人，免於不良的結果與困境。

如何審慎運用現代科技？

今日，我們活在一個科技的時代。

一方面，我們可藉由科技而觸及許多資訊，科技亦能提供方便，讓我們輕易與他人分享自己的故事。

另一方面，儘管有著良好動機，但也可能由於說得太多，而導致不樂見的結果。尤其，若所提及的是本應保密的儀軌對境或法器，相關的誤解或許會導致種種不經意的不善行。

行事之時若能小心謹慎、認真盡責、考慮周全，將可保護自己與他人，免於不良的結果與困境。

74

不與他人比高低

▍與那些不如我們幸運的人來比，有助於生起感恩、知足與慈悲。

何須拿自己的人生和別人的人生比較？

我們每個人都會經歷高低起伏，不應該為人生增添不必要的問題。

首先，我們應該明白，總會有人狀況比我們好，也總會有人沒我們這般幸運。

同時，總會有人與我們享有相似的條件。

最常讓我們不快樂的原因之一，便是將自己與那些在財富、名氣和權勢方面比我們更多的人作比較。

如果真得要和他人相較，就與那些不如我們幸運的人來比，這樣會好些。如此將有助於我們對自己的處境覺得感恩且知足，並對他人生起慈悲。

75

花開花落，皆是無常

▎任何聚在一起的事物，最後必然分離。

如何在無常自性中，活出有意義的生活？

無常深深嵌印在我們生活的各個方面中。沒有任何事物不適用於無常的法則，對於想讓人生具有意義來說，關於無常的知識乃為必不可缺的成份。遺憾的是，大多數人的生活節奏急促，以致僅有很少的時間可以深入觀察無常如何運作。雖說要把無常的概念帶入每天生活中有其難度，但如果生命中的每一步，均抱持著對無常自性的理解，將會帶來很多利益。

且讓我用花朵作為例子，以便描述我們可以用怎樣的方式，在周遭的世界中看到無常的運作。在出現一朵美麗的花之前，會有一顆種子。若播種時有著適當的條件，它將發育萌芽、逐漸茁壯、長出葉子，繼而綻放出一朵美麗的花。接著，這朵花開始在顏色和形狀等各個方面慢慢改變。再來，花朵開始凋謝，最終，所有葉子都從那棵植物上掉落。如同那朵花一樣，整棵植物最後來到終點。如此，我們可以觀想花朵從開始到終結的壽命，並觀察無常在每個階段中的運作。

就此方面來說，我們的生命與花朵的生命並無不同，每一刻都在改變，無論我們多麼努力去嘗試，也永遠無法制止無常的動力。所以，與其跟我們這個存有的無常自性對抗，我們應當培養對無常運作模式的認知。接著，以此認知，我們將不再那麼執著於「我」和「我的」，而這其實正是終結我們生命之苦的肇因。這種對無常的認知，能成為我們的助伴，縱使在最艱難的時候亦然。

舉例來說，我們會失去一些珍貴的事物，甚至有親愛的人逝去。我們會明白任何聚在一起的事物，最後必然分離。而此乃是這個世界的運作方式。這也是為何佛法將那麼多重點放在培養對無常的認知之上。

如果欠缺這項知識，我們會變成像是想在白天尋找夢中失去事物的人。這說明，想在世俗中尋找快樂是不可能的。透過對無常的理解，我們將可用實事求事的方式生活，擁有深具意義的人生，並為他人帶來利益。

76

佛陀留下遺教，你留下什麼？

▍我們不能阻止衰老，但可以令這個人生於自己具意義、於他人有利益。

你正在為後人留下遺教嗎？

吾等年歲若江河 ，川流不息恆逝去。同樣地，無論我們多麼費力地試圖阻止衰老，我們的努力只會以失望告終。

我認為，重點不在於我們是年少或年老。真正要緊的是，我們為後人留下怎樣的遺教。

畢竟，我們不能阻止衰老，但可以令這個人生於自己具意義、於他人有利益，這便是我們應當希望和祈求的。

其他的，皆屬次要。

77

別把禪修當成萬靈丹

▍以全面的方式進行修持，從而獲得解脫。

你是否執迷於禪修？

現今，很多人執迷於禪修的修持，相信只靠禪修就能解決所有的問題，但與此同時，卻沒有醒悟到，避免不善的行為也同樣重要。

單憑這種片面的作法，就像僅憑一隻手就想撐起巨大的重物，注定會失敗。因此，我們必須以全面的方式進行修持，從而獲得解脫。

78

後疫情時代的四帖心靈妙方

▎學會欣賞在生活中曾有幸經歷的種種單純愉快，並生起感恩。

應如何面對棘手艱難的時刻？

今日，我們正在面對生命中最艱困的時刻之一。

當然，為了有效處理當前由新冠病毒引發的狀況，我們須要採取一種非比尋常的方針。我認為，重要的第一步，是聽從醫學專家的意見並遵守社交距離的規範。而且，既然已有這樣的建議，我們就應當佩戴口罩，以便保護自己和他人免受感染。

接受現況

面對這種情形時，我們很自然會去反問自己此事為何會發生，並且祈禱病毒就這麼立即消失。然而我們都知道，現實是：如果必要的因緣還未到位，這個病毒就不會自然消失。與其將我們的精力投注在擔憂和祈求病毒不見，作為具前瞻性及具有智慧的人，我們更應思考如何能以別具意義的方式渡過這段期間。

此時，我們無法享受很多過往慣常的戶外活動，例如前往購物中心，與家人和朋友在外面餐廳享用膳食，或是去看電影等等。即使我們先前可能和親友有著許多這類值得紀念的時刻，但也可能將之視作理所當然，而未真正予以珍視。因此在這樣的時候，要反思哪些是我們過往平常因繁忙日程和忙碌心思而視為理所當然的事情。

心存感恩

如此，我們將學會欣賞在生活中曾有幸經歷的種種單純愉快，並生起感恩。而且，在這樣獨一無二的情況下，我們很多人亦獲得與所愛之人共度寶貴時光的機會，所以，重要的是對這些連結生起感恩，並且珍惜每個寶貴的時刻。

我們現在都有機會反思自己過往的所作所為，當下這一刻如何處事，以及未來如何行事，而能為自他的福祉帶來利益。人人都應該了解，我們生來就根本無法滿足自己的所有欲望，這是因為我們願望清單的長度猶如大海之深，就算地球上所有的石頭也無法把它填滿。了解這一點之後，就該開心自己目前依然活著，並擁有足夠的食物。

生起慈心與悲心

重要的是去深思，即使是在生命中最艱困的時候，我們如何依然能夠感到滿足。快樂和滿足就像所有感覺一樣，會隨著時間的推移而改變。不過，所有的感覺都是因和緣的結果，而主要則是我們心中觀點這個內在條件（內緣）。儘管我們或許無法總能掌控外在條件（外緣），但透過生起慈心、悲心與智慧等內緣，無論面對怎樣的外在情境，我們都依然能保有快樂。畢竟快樂不該是我們預設在久遠未來才達成的目標，而是此時此刻便能培養的。

思及他人的福祉

此外，這樣的情境讓我們有機會不再只是想到自己的利益，而能同時思及他人的福祉，包括那些我們平常不怎麼理會者的福祉。舉例來說，要是我們在封鎖期間就感到難以生存，那麼被我們終身囚禁在動物園裡的動物們，比我們有著更多怎樣的痛苦呢？這樣的深思意義重大。藉此，我們對那些自己平常可能視而不見的眾生，將能運用如此時刻而張開雙眼，看見他們的痛苦，繼而激發我們從事培養悲心的修持。

的確，從正面來看，這個艱困時刻有助於讓我們嚐到無常真義的滋味。我們在平日狀態時，往往都如常一般地計劃和期望，但這場橫跨全球的驟然變動，大大提醒著我們所有事物均受制於變化的道理。

79

真實的安樂，從心開始

▎向內尋找，從而獲得快樂和滿足。

為什麼向內尋找，才能找到真實的安樂？

我們似乎總有一種設想，認為財富、權勢和高位就能保證我們的生命擁有成功和快樂。於是，大多數人將自己生命中的黃金時期，都用來奮力達成這些目標。遺憾的是，到了應當享用努力成果的時候，很多人卻因身心俱疲，而無法欣賞自己辛苦得來的成就。

科學已經證明真實的快樂和滿足源於內在，我們亦能從個人經驗中確認這一點。

我們應該採納具德上師的智慧建言，並依循他們的道路，藉此增長這種了悟。

在不對的地方尋找快樂，必定會以失望告終。我們必須向內尋找，從而獲得快樂和滿足。

80

全心全意去愛，免留終身悔憾

▍在我們尚有能力時就該竭盡所能，以免未來徒留憂愁與遺憾。

如同許多相當具有修證的上師所提醒的，我們的生命好比天氣，隨著季節而改變。生命中沒有任何事物可以恆久。因此，在我們還有能力的時候，應該對摯愛的人分享我們的愛、善意和關懷，因為這樣的機會並非一直都有。

舉例來說，若我們須要擔負起照顧父母或需求支援者的責任時，就應全心全意地去做。因為有朝一日，即使我們想要這麼做，或許已經無法幫助他們了。屆時，哭泣和擔心，根本無濟於事。

所以，在我們尚有能力時就該竭盡所能，以免未來徒留憂愁與遺憾。

81

韌性的力量，助你逆境重生

▍保持韌性，適應生命中不斷改變的情況。

保持韌性有助於適應改變嗎？

明智的人，向來都會為自他兩者的長遠和短期利益而努力。然而，即使有些行為只能帶來暫時的緩解，有時候也值得採納。

例如，當猴子從溫泉中出來時，與其倉促地直接走進寒冷中，應該再讓身體多保持溫暖，而在那個當下，這個短期目標便是牠們的優先考慮。

因此，如同那些猴子一般，我們應該總是保持韌性，以適應生命中不斷改變的情況。而這亦是達致成功的方法。

82

做自己

▍肯定會有人比我們過得更好，也總是會有人不如我們這般幸運。

許多時候，我們之所以面對不必要的痛苦和擔憂，只是因為我們將自己與那些更為成功、富有或更具權勢的人作比較。

為了讓自己更加理智，並且免於這種不必要的煎熬，就必須明白，肯定會有人比我們過得更好，也總是會有人不如我們這般幸運。

因此，與其把眼光關注在那些我們可能生起嫉妒的人之上，更應以全面的方式觀察狀況。

由於我們其實是在追求一些不切實際的目標，便有必要接受自己的狀況和我們自身，以期減輕擔憂。

我們不見得要為自己所有的問題負責，但我們卻因個人看待世界的方式，而大大影響自己的福祉。

83

果報就在眼前

▍在每個所作所為當中保持正念。

唯一要為個人行為結果負責的人，就是我們自己，所以必須對於所作所為都小心謹慎，並且避免魯莽行事。

根據佛法的教義，在我們各種行為的果報當中，身體和語言上的有害作為所帶來的惡果，都不及心意上的有害作為所帶來的惡果那般嚴重。因為我們的動機才是最重要的，所以惡行的嚴重度最終是由心意上的作為所決定的。

例如，當我們偶爾稍不留神的時候，或許會單純因為一個拋石頭的動作，意外地傷害、甚至殺死其他眾生。這種在無意間傷害到其他眾生的草率行為，相較於因憎恨和憤怒等負面心意所致的刻意有害行為，後者的嚴重性來得更大。

既然我們的有害行為必定會帶來不樂見的結果，有鑑於此，我們應當在每個所作所為當中保持正念。

84

盡力而為，無愧於心

▎我們應當永不放棄，總是盡力做到最好。

親愛的朋友：

就我所知，新冠肺炎帶走了很多無辜的生命，也讓很多人非常痛苦和擔憂。然而，這並不代表我們必須屈服於這個困境。我們現在仍可採納不少具有意義的事物，從而令此時刻由痛苦轉化為意義深遠。

能使生命具有意義的方式，並非只有唯一的一種。每個人或許都有不同的優先考量。例如，以我個人而言，我正在利用這個艱難的時刻來學習新知識，並增加我日常念誦的祈請文。

我也會與他人分享我的想法，例如藉此複習很久以前學過的知識，並在我的寺院中為僧眾傳授。我甚至在寺院周邊的土地上，栽種了各式各樣的蔬菜和果樹，我發現如此運用這段寶貴的時間，能讓人感到健康且清新。

然而，這麼做了之後，心中浮現了一個想法，那就是：單純進食蔬菜，並不代表我們能夠脫離殺生的共同惡業，因為不幸地，殺生是農耕的一種「副產品」。即使我們或許並非有意傷害其他眾生，儘管如此，在種植及照料蔬菜的過程中，仍會無意地傷害到許多視這片土地為家園的生命。

例如，我發現，在種植果樹時，如果我們置之不理，便會有數千以計的昆蟲攻擊該植物，並在我們可以收成之前，享用我們辛勞的成果。但與此同時，如果用了殺蟲劑，則所有這些眾生的寶貴生命便會被我們奪走。

當然，我能夠承受起讓昆蟲享用植物而不去干擾的狀態，但那些倚靠農作物維生的可憐農夫們，則沒有這樣的奢侈。在這樣的情況下，避免奪去其他眾生生命的最有效方法，就是完全不要進食，但這對我們來說是不可能的。

因此，在我們盡量採用素食之道而將之當作較好選擇的同時，也須要為那些在將食物送到我們餐桌過程中所傷害到的生命而祈禱，同時亦要為使我們可享用美味膳食而辛勤工作的農夫們祈禱。

以上僅是我個人的想法。在生活中，我們都會持續面臨挑戰，但仍必須堅持不懈。我們有時或可成功，其他時候則達不到心中的目標，然而，我們都應當永不放棄，總是盡力做到最好，因為成功就在該處。

85

生命就該浪費在美好的事物上

▍明智地應對壓力，活出有意義的人生。

你會給生活添加不必要的壓力嗎？

我們的生命是如此珍貴，因此不能再讓不必要的擔憂，擾亂我們在日常生活中本就難以達致的安祥與快樂時光。

當然，我們必須處理發生的情況，也需要花點時間反思我們擔憂和焦慮的成因，從而找到解決的方法。

然而，因為壓力有害於個人的福祉，我們就該注意，在這麼做的同時，也別為生活帶來更多的壓力。我們必須明智地應對這些課題，從而活出有意義的人生。

因此，當我們可以享有平和片刻的時候，不應錯過這個機會，而要藉此思惟我們生命中有著怎樣的壓力，以及如何解決它們。接下來，就該把握機會解決那些問題，並藉此活出喜樂的人生。

86

遭遇任何事，莫擾歡喜心

▎我們的行動，應該奠基於利他的動機上。

他人不知感恩，會讓你感到沮喪嗎？

當我們全心全意、真誠地想為他人帶來快樂，並基於人道而分享愛與仁慈時，總會有人欣賞我們的努力，也總會有人對我們不知感恩。就連已然降伏所有過患的佛陀，都還是無法讓所有人都感到快樂，我們便不必為此感到鬱鬱寡歡或心灰意冷。

故而，我們的行動，應該奠基於利他的動機上，如此一來，所作所為便可不證自明。至於他人要如何反應，則是受到他們自己的業所影響。

歸根究底，我們的真誠和正直才是最重要的。

87

你是佛法收藏家，還是佛法實修者？

▍將所學帶入經驗，並應用在日常生活中。

你將佛法知識付諸實修了嗎？

坐在一公噸的書上，並不會使我們博學。同理，對佛法只擁有智識上的理解，也不會為我們的生命帶來真實的改變。若我們想要實現真正的轉化，就必須將所學帶入經驗，並應用在日常生活中。

88

別上當

▍不要偏聽一面之詞而臆測他人。

這些年來，我已然體悟到，不要只是聽到他人的觀點便去臆測某人。有時候，即使是我們親眼所見，也可以是假象！

89

「占人便宜」真能占到便宜？

▍占他人便宜，會摧毀我們的友誼，使我們陷入沮喪。

為什麼不要占人便宜？

現今，我們都在具有高度壓力的環境下工作，就連進行日常生活的固定模式亦然，我們必須與他人相互理解、原諒、容忍。

在如此艱難的情況下，為了讓自己與他人獲得最大的利益，我們必須明智地行事，而不作反應。

最關鍵的是，我們絕對不該占他人便宜，因為從長遠來看，這種態度會摧毀我們的友誼，使我們陷入沮喪。

故此，無論何時，我們均應當竭盡所能，導正事情的方向。

90

讓家成為真正的避風港

▎保持開放和信任，並且分享愛和仁慈，共同建設出有意義的生活。

如何讓家庭生活變得美好且富有意義？

家庭的課題可能錯綜複雜，並且須要小心處理，我們沒辦法期望只從單一的角度便能夠完整理解。任何牽涉到人的衝突，都必然繁複難懂且深具挑戰。

在今天的多元文化社會中，如果沒有全面觀察情況，便可能造成日益增多的誤解。因此，為了取得相互的理解，並找到一個所有參與者都滿意的解決方案，以便終結彼此不和諧的狀態，就必須努力看清雙方的故事。

此外，我們應該謹慎小心，不要對他人作出假定，並且避免帶有偏見的想法。儘管我們作為人類，看來都是相似的，但個別的概念和想法卻可能很不一樣。因此要視我們的家庭成員為不同的個體而加以尊重，給予他們自由和空間，同時作為一個家庭而共同努力，這一點相當重要。

為了尋得解決方案以期繼續前行，我們應當願意針對雙方所關注的事情來處理，雙方也當然必須願意放下過去的傷害，並且原諒對方。最後，不要讓疑慮、多心和嫉妒毀了美好的生活。

如果家中有任何事情讓人困擾，雙方均應誠懇地探討課題，並於對方保持觀照和尊重。

總結來說，與別人住在一起總是相當棘手，沒有誰永遠不會犯錯。但透過彼此保持開放和信任，並且分享愛和仁慈，便可能共同建設出有意義的生活。

91

與「不適感」共存的練習

▍學著在生命中與某些不適感共存，思量佛法中有關「諸法無常」的觀念。

如何身處困境而能明智生活？

日常生活中，可能會出現很多課題。而在這麼多問題中，我們可能發現其中有些是我們無法有效解決的。因此，我們不只應該向內深入觀察，同時亦應尋求可協助者的建議。重要的是，必須了解哪些課題對日常生活會造成最為重大的影響，從而決定優先順序，並將那些主要課題當作首要之務。

接著，我們或許會發現，有些課題是無法輕易克服的。以此情況而言，就必須學會以明智的方式與這些不利情況共存。例如，有些人在搬進新房子後，才發現自己的鄰居難以相處。這類問題通常不能在一夜之間解決，所以我們必須學著在生命中與某些不適感共存。

這些時候，思量佛法中有關「諸法無常」的觀念是有益的。這將有助於我們處理這些日常生活中的難題，如此一來，就算不能解決所有的問題，仍可保有一種不僅更能掌控生活、又同時能利益他人的生活方式。

92

如何讓我們的祈願成真

▍帶著虔敬，且責無旁貸地將明智的建言付諸實踐。

有些人對於我們如何領受三寶加持，以及祈願如何奏效，似乎有所誤解。

很多人相信，只要請求加持，並請上師為我們的幸福祈願，便可以高枕無憂，我們的祈願便會自動得到回應。

對於皈依對象或個人上師懷有滿滿的信心，這當然沒有問題，但對於要令我們的祈願奏效而言，這種態度欠缺了一個關鍵的要素。

舉例來說，如果我們駕車出發到某處，為了到達目的地，司機和車輛均扮演著不可或缺的角色。同樣地，唯有當我們帶著虔敬，並且責無旁貸地將明智的建言付諸實踐時，三寶的加持和上師的祈願才會發揮作用。

故而，我們不應該只是希望得到加持，而必須為自己的作為負責，並且做出相應且必要的事，以實現我們的心願。

93

家是以愛為名的修道場

▎互相尊重、關懷，並且誠實相待。

如何鞏固家庭關係？

作為人類，我們看來都是相似的。然而，由於各自不同的背景、文化和傳統，我們卻有著不同的概念和想法。有鑑於此，如果期待所有人都共享相同的價值觀和信念，便會過於簡化，最好能尊重他人的意見和價值體系。

現今，由於社會對專業技能的需求與日俱增，越來越多家庭都感到備受考驗。在一個家庭中，父母雙方均需在外工作的情況，在今天頗為普遍。這為家庭製造一個全新且不同於過往的環境。

當然，更加廣泛的職場機會，是社會進步的一個美好反映。但對平衡家庭生活和工作時間這項需求來說，則可能產生深具考驗的情形。當所有人都感到壓力難以抵擋，又須要解決家庭課題的時候，便可能僅有少許的空間可作出協調或讓步。在如此棘手的情況下，每個家庭成員都須要加倍努力，才能促進健康與和諧的關係。

很重要的是，要優先將家庭視為一個整體，而非單純思及某位成員的個人利益。讓每個人保有私人空間和照護自己的機會，也同樣重要。這有助於避免衝突，也符合每個人的最佳利益。

此外，對於維繫家庭成員間的脆弱關係來說，彼此尊重是必不可少的要素。重要的是，切莫假定他人實際的所做所為，就如同我們所認為的那樣。很多時候，我們對親人往往會在心中虛構故事，並且相信那些故事的真實性，由此製造了不必要的問題和痛苦。這種習慣不僅不健康，也對每個人都深具危害。重要的是，我們絕對不可屈服於猜疑、自我主義和固執，那些會破壞我們的友誼和關係。我們應當足夠勇敢去理解、原諒和保持真誠，如此將鞏固我們的關係。

當然，現實總是說易行難的，不過，保持安忍，互相尊重、關懷，並且誠實相待，將有利於打造良好且富有意義的家庭關係。

94

煩惱就是你的修持評量表

▍將所受教導付諸實修的重要成果之一，便是我們對待他人的態度將有所轉變。

如何衡量我們修持的進度？

我們可能會納悶，自己在佛法修持的進程有多少。

由於佛法修持的要旨為內在的成就，而那是肉眼看不見的，因此這個問題難以回答，不過，有些特定的跡象或可告知我們自身修持的層次。例如，當我們開始遵循從師長處接受的教導或建議後，我們會發現，相較於過去受到相同舊習氣的主導，我們對自身的修持更有興趣。

將所受教導付諸實修的重要成果之一，便是我們對待他人的態度有所轉變。比方說，去想想一個曾經使我們生氣或嫉妒的人，如果我們發現相關的煩惱有所減少，那麼肯定是有所進步。

然而，若在採納佛法後，我們的負面情緒甚至變得更加強大，我們便應尋找原因何在。就此而言，由於這表示我們並未適當應用佛陀的教法，所以應該尋求師長的建議。

為了使修持具有意義且帶來裨益，有必要摒棄自我及怠惰。否則，便永遠只能停留在修道方面的幼幼班。因此，要往內查看，了解是什麼在阻撓我們佛法修持的進展，以及成長的契機在哪兒。

95

合作，與世界共贏

▍投入適當的努力並與他人合作，將有助於我們的人生具有意義。

如何理解「生命相互依存的自性」？

就平常人的生命來說，我們承擔不起純粹關注自身快樂而將自己從外在世界抽離的狀態。

不管我們於生命的旅程中可能遭遇到怎樣的困難，為了自他的利益，我們都必須與世界接軌，與社會保持連結。例如，就連製作一杯柳橙汁這麼簡單的事，都需要依靠很多其他人在整個過程中的辛勤工作與付出，而非單憑我們個人的努力。

因此，即使是一個微小的成功，亦需要其他人的共同努力，並且面對途中的起起伏伏。單是擔憂和抱怨，不會為我們帶來任何進展。故此，為了相互的利益和可期的目標，投入適當的努力並與他人合作，將有助於我們的人生具有意義。

96

所有人都會成功嗎？

▍若能盡己之力，並以務實的方式追尋目標，長遠來說便不會失望。

每個人都渴望更好的事物，並希望在自己的生活有所進展。期待生活的各種方面都能達到最好的狀態，這並沒有什麼錯。

然而，由於任何的成功都建基於先前所實踐的行動，若無明確目標且未理性行事，不可能無中生便有得到任何成果。

若能盡己之力，並以務實的方式追尋目標，長遠來說便不會失望。

在我看來，成功並非少數人的專屬品。只要我們下定決心、付出努力，配合適當的有利條件，便能確保成功。

97

佛法修持重質不重量

▎若心懷眾生，即使僅念誦一遍六字大明咒，也是一件有意義的事。

如果想將法義應用於此生，那意味著要將它付諸實修，而與法的數量無關。

如果我們只是為了自身利益而修持佛法，那便不再是佛法。

因此，即使沒有時間念誦千百萬遍的六字大明咒，若是懷著想要利益其他眾生的心，則僅僅念它一遍，便已完成了一件有意義的事。

98

每天都要為自他的快樂而努力

▍理解「生命無常」，有助於我們聚焦在更有意義的努力上。

你能看到更寬廣的生命的視角嗎？

若能退一步，對自己和身處的情況採取更寬廣的視角，可能會發現「當我們出生時，獨自來到這個世界；當我們死亡時，亦是獨自離開這個世界」等等的事實。

實際上，從這個觀點來看，我們的整個生命可說是如同一場夢，而生命中每天的事務可能看似毫無意義。但是，如果我們將此更寬廣的視角帶入每天的生活中，並且抱持著「生命中所有事物都是無常」的理解，便有助於我們聚焦在更有意義的努力上。

若能了解到「生命伴隨著失去，甚至我們這一生也有終盡的一天」，這個視角便能幫助我們面對生命中最艱難的時刻。

因此，為了邁向更具意義的未來，我們應該為自他的快樂而努力，藉由這個更寬廣的視角，活出我們的人生。

99

讓生命如同一頓美食

▍學著接受現況，面對改變，將有助於全然投入、從而增長快樂。

在享用一道美味佳餚之前，單單看著尚未烹調的食材，或許並不能刺激食欲。但若經過一位受過良好訓練的廚師巧手烹調，便會讓我們食欲大增。

同樣的，為了將喜樂帶給自他，我們應該學會把自己在享用美味佳餚時所可能帶著的興趣和投入，運用於生活中。

有些人經常對生活感到沉悶，這可能導致不快和抑鬱。我們全都必須經歷相同的生命週期，但若學著接受自己的情況和任何必須面對的改變，將有助於全然投入、從而增長快樂。

我們應該觀察四周，看看那些有智慧的人如何善用他們的生命，並且細想自己如何也能使寶貴的生命更具意義和喜樂。

100

為業力負責，幫自己的因果買單

▍所有經歷都是我們過往自身行為的結果。

你試過「從佛法的視角來觀察事物」嗎？

從佛法的視角來看，根據因果法則，我們在日常生活中面對的所有事物，都必然與自己有某方面的關聯，因為就某層面來說，所有經歷都是我們過往自身行為的結果。因此，當我們不愉快時，與其指責他人，應當勇敢地向內尋找答案。

當然，這是說易行難的。原因就在於：從事具有意義和帶來饒益的行動，需要很多的努力及勇氣。另一方面，魯莽行事且放任而為，則往往毫不費力。

心懷仁慈且如理行事，無論對短期或長遠來說，都有利於自他。但若沒有付出適當的努力以成辦善行，我們不僅失去了現在，亦能料到將來會導致自己要面臨困境。

因此，不要受到自我和惡習的影響，而騙自己說有害行為是合理的。歸根究底，有朝一日，唯有我們自己必須面對負面行為所帶來的不愉快結果。

101

真正的解脫之道在於禪修

▍讓自心安住在無念的狀態中，不予誇大、也不加以貶損。

對於尋求真正解脫的人而言，禪修是修道上非常重要的部分。

禪修修持的成功與否，取決於我們在修道中，是否以堅定不移的信念依循具德師長的建言。單單憑著讓心安住在無修整的狀態中，不渴望成功、也不擔憂失敗，便能達到了悟的目標，並全然脫離有害的情緒。

就讓自心安住在無念的狀態中，不予誇大、也不加以貶損。於此，我們首先要了解，繼而去體驗，並最終了悟自心的真實與甚深本質。

102

「觀修無常」啟動積極人生

▍「觀修無常」的練習，可以減輕困境對我們所造成的負擔。

如何看待「沒有任何事物是絕對永恆」的事實？

作為一個平凡人，當我們在日常生活中面對各種困難時，向家人和朋友尋求支援是挺正常的。然而，他們自己也處於相似的景況，我們只能期望從對方那兒得到有限的幫助。

根據很多上師所分享的個人經驗，若能採納「觀修無常」的練習，便能減輕困境對我們所造成的負擔。

例如，面對某個深具挑戰的情境時，由於這類狀況可能超越自己迅速解決的範圍，很多人或許因而感到非常焦慮。不過，若能全然奉持觀修無常所帶來的成效，不只可能安然度過日常生活的壓力，亦能處理惡業帶來的後果。

因此，作為佛教徒，觀修無常的練習是帶來快樂、克服過往不當行為所致惡果的最強力工具之一。

103

活用佛法

▍將佛陀教導的所有智慧，真摯誠懇且全心全意地運用在每天的生活中。

為什麼自身的努力很重要？

根據佛陀所言，能夠轉化我們生命的力量，並非來自諸佛，而是我們在日常生活中依循佛陀智慧建言所作出的努力。為了確保未來能具有意義，我們必須將佛陀教導的所有智慧，真摯誠懇且全心全意地立即運用在每天的生活中。

換句話說，我們已經擁有讓自身旅程得以發展的工具，透過依循佛陀的建言，便能達到我們的目標。

然而，假如我們受到負面情緒的左右，便可能喪失這個機會，並使自己的未來自甘墮落。

因此，千萬不能失去對此更遠大目標的關注，並要依循賢明師長的建言。

104

衝動是魔鬼

▌衝動的冒險也許帶來片刻興奮，卻也伴隨致命風險，請三思而後行。

為什麼大家都說「不要魯莽行事」？

如果我們今天魯莽行事，不僅要冒著摧毀自己未來的風險，同時也將破壞我們所摯愛者的快樂。

舉例來說，一場令人激動腎上腺素飆升的冒險，或許能為我們帶來片刻的興奮，但若出現任何差錯，我們便是在不必要的情況下冒著喪命風險的同時，還為我們的家人和朋友帶來苦難。

因此，在你將所有人的幸福置於危險邊緣之前，必須三思而後行，否則必定終將後悔。

105

再試一下

▌具有明確目標，配合恰當的努力和堅持，可以為生活帶來一些美好。

生命充滿著奮鬥掙扎，沒有人能免於艱辛困難。

然而，這並不代表努力實現些許平靜和快樂是徒勞無功的。我們都是用不同的處理方法來面對日常生活中出現的問題，應該謹記在心的是：沒有任何人是完美的。

但是，具有明確目標，配合恰當的努力和堅持，這樣的生活態度將能帶來一些美好。因此，不管生活有多困難，都應努力活出富有意義的人生。最終，我們將會愉快看待自己將喜樂和歡笑帶入勞碌生活中的那份努力。

106

是誰偷走你的平靜？

設立合理的目標，避免期望過高，可以有效降低焦慮。

你是否在不知不覺間變得過度焦慮？

對各個年齡層的人來說，焦慮是最具威脅性的狀況之一。

由於焦慮將摧毀我們美好的生活，所以不應容許它於我們的內在滋長。我們可能都具有處理輕度焦慮的能耐，但隨著時間推移，持續的焦慮將為我們的身體及精神健康帶來嚴重的負面影響。因此，應當檢視哪些狀況可能引起我們的焦慮，並依循專家們的建議——應該以耐心與明智的方式，想辦法降低焦慮對我們生活所造成的影響。

當我們努力想要達成事情的時候，要避免設立不切實際的過高期望，這是能減輕焦慮的方法之一。

然而，這並不代表我們不應嚮往以符合崇高理想的方式來過生活，也不代表我們不應盡己所能地實現它們。

107

有效溝通從協作開始

▍以協作的精神交流想法，將可帶來更有效的溝通。

你會把個人主觀強加在他人身上嗎？

我們生活在緊密相關且彼此相連的社會環境中，每個所作所為均會對自己和他人帶來正面或負面的影響。因此，在我們付諸行動之前，或是對他人表達見解之前，應該小心翼翼地從各種角度來觀察。

我們當然可以建立自己的觀點和想法，但若把這些強加於他人之上，並不會帶來任何利益。而是，在我們與他人對話時，如果以協作的精神交流想法，將可帶來更有效的溝通，這對表達個人訊息而言，也是更加善巧且有利的方式。

108

宗教——是什麼？

▍試著成為一個好人，培養一顆充滿慈愛和悲憫的心。

宗教，或信仰體系，是很多人生活中非常重要的部分。而那些想要獲得解脫、建立和諧，以及利益他人的宗教修持者，他們毋庸置疑是在真正實踐宗教的目標。

我認為，宗教信仰體系是相當個人的，目的在於暫時鬆解生活中的壓力，保護我們免於嗔恨、嫉妒、傲慢、貪愛和愚痴等有毒情緒的惡果。而它的終極目標，是透過遵循覺悟者的智慧建言，而達致全然的解脫。

然而，如果宗教信仰被用來獲取權力、財富或名聲，那麼此人的宗教修持就不符合它真正的目標。

同樣的，如果有誰的宗教修持成為讓自己受苦或去傷害人類的根源，那麼他便不是真正有信仰的人。反之，試著成為一個好人，培養一顆充滿慈愛和悲憫的心，則為明智之舉。

109

蜜蜂與花朵

▍師長與弟子之間的關係，要如同蜜蜂與花朵的關係。

什麼樣的關係是最理想的「師長與弟子」關係？

我們有將近99%的時間，都不是與師長待在一起，在這些時候，或許會涉及身、語、意方面的有害作為。

有些人可能希望總是能與師長待在一起，但由於我們並不完美，或許會導致自己與上師之間的磨擦。

如同往昔諸多大德所說明的，師長與弟子之間的關係，要如同從古至今蜜蜂與花朵的關係。意思是，我們應該學著獨立自主，徹底運用從師長處領受的珍貴教言和引導，並且隨時觀照且留意那些隱藏的過患。

由於我們無法逃開自己的缺點，故而我們應當成為自己的師長與弟子。這種方式，可能是保護我們免於負面情緒並永久維繫我們「黃金關係」的最佳方法之一。

110

Open Mind

▍想要人生有所進展，需要一種為他人設想的做法和態度，以及一顆開放的心。

個人態度對人生有何重要？

如果我們真的想要人生有所進展，只是改變穿著，並不足以達到這個目的。所需的是為人設想的做法和態度。

最重要的是，要以開放的心過活，而不讓我執和頑固所妨礙。

當我們如此實踐時，他人將因我們以勇敢睿智來追求具義人生的做法，而對我們感到滿意和欽佩。

111

放下，也是一種智慧

▎我們既有要珍惜的光陰，也有必須放下的時候。

生命中最重要的提醒是……？

在生命中，有些人、事、物，會在特定的時間內，對個人而言是非常珍貴的。在那段期間，我們投注相當多的愛與關懷，我們也應該在那些時刻裡，毫不猶豫地及時由衷付出，因為那些時刻一旦流逝，便會永遠失去。

在生命中，亦有其他的時候，須要把事物放下。因為在那些片刻裡，堅持下去會帶來痛苦。故而，我們既有要珍惜的光陰，也有必須放下的時候。這是由於所有事物均是無常的，也都受制於變動。

就我們的幸福而言，懂得如何以積極正向的方式面對這兩種不同的時刻，是非常重要的。

112

明天或許會更好

▍專注於生命中的積極面向。

當我們面對困境時，或許會感到悲傷和消沉。重要的是要明白，人人都會經歷這樣的情況。但我們應該憶念，在這生命中沒有任何事物是永恆的，全都好比夏日的天氣那般一直變幻。

所以最好專注於我們生命中的積極面向，並且記住：正如世事萬物一般，即使最失意的情況也會有改變的一天。總會有明天，而我們將可迎來更美好的未來。

113

關鍵時刻最重要的兩件事

▎摒棄傷害他人的惡行，並且把握機會關懷和幫助他人。

修行之人最需要遵守的兩個要點是什麼？

為了全然脫離痛苦且獲得真正的快樂，對於宗教的追隨者而言，通常會有許多誓言須要遵守。

顯然，這段旅程或許不如我們最初預期的那般輕鬆。旅程可能看似漫長，在通往解脫的道路上亦有很多障礙。

因此，我們不應緊繃地對所有不同的事情都墨守成規，而是確保自己當下立即修持避免危害他人及著手幫助他人這兩個要點。

當機會來臨的時候，我們應當毫不猶豫地摒棄傷害他人的惡行，並且把握機會關懷和幫助他人。這種立即且明確的行動相當重要，它決定了一個修行者能以多快的速度達成目標。

114

批評不一定是對立

▍總會有人讚揚我們，亦總會有人批評我們。

如何理解「我們都是彼此相連的」？

作為所謂的群居動物，我們在這個錯綜複雜的人類社會中都是彼此相連的。

故而，在與他人相處且緊密聯繫時，正面的態度便不可或缺了。我們都必須注意的是，總會有人讚揚我們，亦總會有人批評我們。

為了使生命更具意義、關係更加和諧，我們應該試著不要把別人的批評視作針對我們個人的冒犯，而應將這種情況視為自己學習和改進的機會。

既然情緒化的回應只會令事情更糟，如果該批評無憑無據，我們應該乾脆走開。最重要的是，我們應該努力使自己的身、語、意，都能夠誠實且正直。

115

把壞事變好事

▍與他人分享快樂，是生命的意義所在。

「封鎖」一詞，對我們的意義是什麼？

時至今日，幾乎所有人都可能對「封鎖」一詞覺得反感，這純粹是因為我們認為它與喪失自由有關，就像用四面牆壁把自己困住了。

但若單從佛法的觀點來看，只要我們的內在不受負面情緒所影響，則身處的環境只會帶來少許不同。

另一方面，如果我們被負面情緒所操控，那麼即使住在城堡中，也會對周遭事物感到不滿。

因此，當談及快樂和痛苦時，我們的心是主要因素。假如我們理智地面對當前局勢，並接受這個情況可能還需要一段時間才會過去，我們便可快樂地放鬆且安頓。

隨遇而安是一項須要學習的重要技巧，而非與之抗爭、抑或抗拒我們在生活中遇到的每項新事物。

正如噶當巴大師們的建議那般，我們應該將自己視為中途停留在身體這個旅館的客人。我們只會短暫擁有這寶貴的人生，因此應該培養正面的心理素養和喜樂，以期善用此生。最重要的是，與他人分享快樂。這便是生命的意義所在。

第七篇

當見地比天高，行為就要比粉細

回到腳下、敬畏因果的智慧

因果如此奇妙，
現在所做，由未來的自己買單，
避免不善行，多多做善行，
讓我們的功德存糧多多益善。

116

當個佛法生活家

▍佛法涉及到實際的參與，應盡己所能地將所學應用在日常中。

佛法修行者基本上有兩類，你屬於哪一類？

許多學佛的人，會投入大量的時間和精力來學習教法，這確實極為重要。然而，若談到教法的應用，便可將佛法修行者分為兩類。

首先，有些人理解教法的真義並將其應用於日常生活中，如此能幫助他們應對所面臨的每一種情況。其次，有些人只是聽取和學習，卻很少在生活中採納教法的原則。

若能像第一類修行者那樣將教法融入生活，不僅可見到自己在修道上的真實進步，也可讓他人看到個人的正向變化，以及對周遭人們帶來的具義影響，因而受到啟發與激勵。

佛法涉及到實際的參與，如果不加以應用，就只是在浪費時間和精力。因此，即使不太了解佛陀教導的許多細節，也應至少要盡己所能地將所學應用在日常生活中。佛法不只關乎理解，也關乎區分對錯，更關乎要為各類社會背景、性別或種族的每個人，讓他們的生命帶來正向的思惟、能量和改變。

117

因果，比天空更遼闊

▍因果看似簡單卻難以深究，就像小孩指著天空，卻無法完全理解其廣闊。

為什麼要對我們的一切作為保持謹慎？

因和果聽起來可能很簡單，但若深入檢視，便難以精確解釋因果的運作方式。這就像是小孩指著天空，卻無法完全理解其廣闊一樣。

因此，無論大小事，我們在一切所作所為中都應該保持謹慎。

最重要的是，我們應該避免不善行且修持善行，此乃安樂、健康和修道進展的源泉。

118

眼見未必為實，謹慎理解才是王道

▍若不想因無知而造成傷害，便應尊重他人並謹慎行事。

請注意：凡夫的感知都帶有蒙蔽。

正如佛陀所說：「那些認為自己了解別人的人，只是在欺騙自己」。我們對他人所做的假設，不斷受到證實為錯誤的，卻仍難以克服想要做出結論、或基於假設而形成信念的衝動。

例如，看到有人對我們微笑時，這並不能表示對方的真實意圖。正如我們應該在判斷他人時保持謹慎一樣，由於我們不想因無知而造成傷害，便應同時尊重他人並謹慎行事。

例如，當我們造訪其他社區或國家時，多少要了解他們的文化和傳統，這很重要，否則我們可能會在不知不覺中冒犯對方。

119

尊重每個人不同的觀點

▍在觀察和判斷世界時，最好保持謹慎。

我們對世界的看法可能相當具有蒙蔽性，因為我們所見的事物表象，不必然能讓我們看到真實的情況。

雖然我們或許認為事情簡單明瞭，但每個人都有自己的故事，所有人的經歷也可能截然不同。

我們不能假設自己所看到和聽到的，都能完整或準確地描繪生活中的人事物。因此，大家在觀察和判斷世界時，最好保持謹慎，方能對自己最為有利。

120

守護現在與未來

▌領受佛法的加持，遵照佛法的指引，在煩惱生起時運用適當的對治法門。

你能理解「一切都由因緣而來」嗎？

對於領受加持和指引，有些常見的誤解。

當我們所渴求的支持，並未恰巧出現在我們所希望的時刻，比如身處絕望的情況，此時，不應責怪任何人。儘管如此，有些人可能因而失去信心。對此，我們必須退一步地認真檢視個人的周遭情境，這樣才能理解生活中的一切，是如何由因緣而來的。

沒有任何事能在無因無緣的狀態下發生。所以我們不能只是希望某事發生而不創造必要的因緣條件。否則，我們只會因自己不切實際的期盼而感到失望。

然而，讓我們得以於生活中領受指引和支持的因緣條件，是什麼呢？

首先，依循三寶和上師的建議，這很重要。具體來說，必須以正念觀察個人的行為，確保自己不會造作種種的不善行，並能修持一切的善行，這一點相當必要。此乃守護我們現在和未來的關鍵所在。

最重要的是，為了領受諸佛的加持，我們必須遵照他們的指引，並在煩惱生起時運用適當的對治法門，因為那些煩惱會障礙個人的安樂、加持和解脫。

如果緊閉心門，還堅持舊有的惡習，就無法以務實的方式期望有任何好事出現。無論我們是快樂或憂惱，為了自己和他人的利益，都必須讓自己的行為合情合理。

[附錄1]

世界各地的蘇曼中心與聯絡方式

印度蘇曼噶舉佛教基金會（Zurmang Kagyud Buddhist Foundation）

Pal Karmee Zurman Shedup Cho' khorling

地址：Lingdum, Gangtok, East Sikkim, India

電話：+91-3592-322793 / 傳真：+91-3592-202332

電子信箱：zurmang21@zurmangkagyud.org

官網：www.zurmangkagyud.org

台北市藏密蘇曼佛學會

地址：台北市松山區寧安街9巷4號4樓

聯絡人：噶瑪索南仁謙（Rinchen Wangchuk Bhutia）

電話：+886-936139077

電子信箱：zurmangtaipei@gmail.com

蘇曼噶舉高雄中心

地址：高雄市新興區林森一路189號10樓

聯絡人：阿闍黎 噶瑪卻佩（Needup Lama）

電話：+886-961530068 / +886-7-2360059

電子信箱：needdup@gmail.com

聯絡人：阿闍黎 噶瑪彭措（Karma Lama）

電話：+886-906918133

香港蘇曼迦舉佛學中心

地址：香港銅鑼灣百德新街58-64號華廈大廈一樓B室

電話：+852-23988737 / 傳真：+852-23988734

中國廣州

電話：+86-13005177653 (Zhangjunmin)

電子信箱：yamin98a@gmail.com

中國北京

電話：+86-13126717882 (Gao Yue)

電子信箱：melody_gao2008@gmail.com

中國青海

Zurmang Namgyaltse Buddhist Institute

地址：青海省玉樹藏族自治州囊謙縣毛莊鄉麻永村

不丹

Namphur Monastery

Bumthang, Bhutan

電子信箱：triksutulku@hotmail.com

尼泊爾

Zurmang Kagyu Buddhist society

地址：Swayambhu Cir Rd, Kathmandu 44600, Nepal

電子信箱：zurmangkagyu.ktm@gmail.com

馬來西亞

Persatuan Penganut Buddha Zurmang Kagyud

地址：5B, Jalan 17/1, 46400 PetalingJaya, Selangor Darul Ehsan, Malaysia

電話：+60-1-62062060 (Jane Lam)

電子信箱：zkbc_malaysia@yahoo.com

電子信箱：marylo@pd.jaring.my (Lim Yoke Kim)

新加坡

Zurmang Kagyud Buddhist Centre

地址：301 Guillemard Road, Singapore 399740

電話：+65-67440198

印尼雅加達

Pusat Dharma Zurmang Kagyud

地址：Jln Cideng Barat No 8 Jakarta Pusat 10150

電話：+62-8158888633 (Lama Jigme)

電話：+62-816818553 (Corrie I)

電話：+62-81310678933 (Johnson)

電子信箱：dharma_vajra@yahoo.com.sg

印尼棉蘭

Pusat Dharma Zurmang Kagyud

地址：Jln Asia Raya Blok N, No 24, Kompleks AsiaMega Mas

電話：+6261-7324184 / +62-81534719516 (I Lis)

電子信箱：surjani_lis@yahoo.com

印尼泗水

Pusat Dharma Zurmang Kagyud

電話：+62-31-8470708 / +62-811842290 (I Tukiman)

電子信箱：thinley_norbu_zkbf@yahoo.com

印尼北乾巴魯

Pusat Dharma Zurmang Kagyud

地址：Jl. Arengka, Komplex Mal SKA

電話：+62-813657999 (I Lama Penzing)

傳真：+62-8127512666

澳洲

地址：3/56 Eversley Terrace, Yeronga, Queensland 4014

電話：+61-415169476 (Hwang Theng Kian)

電子信箱：kianhwang@gmail.com

美國加州

電話：+1-510-6042881 (Tiffany Wang)

電子信箱：twang27@gmail.com

美國紐約

地址：Apt. 91, 435 Riverside Drive, New York, New York 10025

電話：+1-718-2906608 (Chinling)

電子信箱：rusmiatyluhur@yahoo.com

聯絡人：Daniel Aitken

比利時

Zurmang Kagyud Boeddhistisch Centrum Put Dorjee.

地址：Lange Bremstraat 21 2170 Antwerp Belgium.

電話：+32-0-484755368

電子信箱：pasangdorjee37@yahoo.com

瑞士

Zurmang kagyud Buddhist Zentrum

地址：Kauffmannweg 9 6003 luzern, Switzerland

電話：+41-765156788 (Karma)

電子信箱：zurmang.kagyudluzern@gmail.com

[附錄2]

蘇曼噶旺仁波切的其他著作[1]

- 蘇曼噶舉傳承的上師、本尊、護法修持簡軌（A Condensed Practice of the Lama, Yidam, and Dharmapala According to the Zurmang Kagyud Lineage）
- 一份珍貴的禮物（A Precious Gift）
- 開啟佛法之門（Opening the Door to Dharma）
- 如來藏（Essence of Buddha）
- 如何觀想、持誦與消融（How to Visualize, Recite and Dissolve）
- 給生命120道光：第一冊（Whispers of Wisdom Vol 1）
- 中陰教導（Teachings on Bardo）
- 關於第三世噶瑪巴《大手印祈願文》的注疏（Commentary on 3rd Karmapa's Aspirational Prayer for Mahamudra）
- 修心七要（Seven Points of Mind Training）
- 大手印傳承的寂止與勝觀修持（Shamatha and Vipassana in Mahamudra Tradition）

1 譯註：書名或篇名皆為暫譯，並無中文版。

禪修指引 37

給生命120道光——帶你穿越生命困境的智慧語錄

Whispers of Wisdom Vol 2

作　　者　第十二世蘇曼噶旺仁波切（Zurmang Gharwang Rinpoche）
譯　　者　普賢法譯小組
審　　定　楊書婷
發 行 人　孫春華
社　　長　妙融法師
總 編 輯　黃靖雅
執行主編　陳韻如
版面構成　張淑珍
封面設計　阿力
發行印務　黃新創

台灣發行　眾生文化出版有限公司
地址：220新北市板橋區四川路2段16巷3號6樓
電話：886-2- 89671025　傳真：886-2- 89671069
劃撥帳號：16941166　戶名：眾生文化出版有限公司
電子信箱：hy.chung.shen@gmail.com　網址：www.hwayue.org.tw

台灣總經銷　紅螞蟻圖書有限公司
地址：114台北市內湖區舊宗路二段121巷19號
電話：886-2-2795-3656　傳真：886-2-2795-4100
電子信箱：red0511@ms51.hinet.net

香港經銷點　佛哲書舍
地址：九龍旺角洗衣街185號地下
電話：852-2391-8143　傳真：852-2391-1002
電子信箱：bumw2001@yahoo.com.hk

印　　刷　博創印藝文化事業有限公司
初版一刷　2025年8月
定　　價　360 元
I S B N　978-626-99099-8-8（平裝）

Whispers of Wisdom Vol 2 by Zurmang Gharwang Rinpoche and foreword by Dri-kung Kyabgon Thinle Lhundup

國家圖書館出版品預行編目(CIP)資料

給生命120道光：帶你穿越生命困境的智慧語錄 / 第十二世蘇曼噶旺仁波切(Zurmang Gharwang Rinpoche)作；普賢法譯小組譯. -- 初版. -- 新北市：眾生文化出版有限公司, 2025.08
面；　公分 -- (禪修指引；37)
譯自：Whispers of Wisdom Vol 2
ISBN 978-626-99099-8-8(平裝)
1.CST: 藏傳佛教 2.CST: 佛教修持

226.965　　114008000

眾生文化出版書目

噶瑪巴教言系列			
1	報告法王：我做四加行	作者：第十七世大寶法王 鄔金欽列多傑	300 元
2	法王教你做菩薩	作者：第十七世大寶法王 鄔金欽列多傑	320 元
3	就在當下	作者：第十七世大寶法王 鄔金欽列多傑	500 元
4	因為你，我在這裡	作者：第一世噶瑪巴 杜松虔巴	350 元
5	千年一願	作者： 米克．布朗	360 元
6	愛的六字真言	作者： 第 15 世噶瑪巴．卡恰多傑、第 17 世噶瑪巴．鄔金欽列多傑、第 1 世蔣貢康楚仁波切	350 元
7	崇高之心	作者：第十七世大寶法王 鄔金欽列多傑	390 元
8	深藏的幸福：回憶第十六世大寶法王	作者：諾瑪李維	399 元
9	吉祥如意每一天	作者：第十七世大寶法王 鄔金欽列多傑	280 元
10	妙法抄經本__心經、三十五佛懺悔文、拔濟苦難陀羅尼經	作者：第十七世大寶法王 鄔金欽列多傑	300 元
11	慈悲喜捨每一天	作者：第十七世大寶法王 鄔金欽列多傑	280 元
12	上師之師：——歷代大寶法王噶瑪巴的轉世傳奇	講述：堪布卡塔仁波切	499 元
13	見即解脫	作者：報恩	360 元
14	妙法抄經本__普賢行願品	作者：第十七世大寶法王 鄔金欽列多傑	399 元
15	師心我心無分別	作者：第十七世大寶法王 鄔金欽列多傑	280 元
16	法王說不動佛	作者：第十七世大寶法王 鄔金欽列多傑	340 元
17	為什麼不這樣想？	作者：第十七世大寶法王 鄔金欽列多傑	380 元
18	法王說慈悲	作者：第十七世大寶法王 鄔金欽列多傑	380 元
講經系列			
1	法王說心經	作者：第十七世大寶法王 鄔金欽列多傑	390 元
經典開示系列			
1	大願王：華嚴經普賢行願品釋論	作者：堪布 竹清嘉措仁波切	360 元
2	大手印大圓滿雙運	原典：噶瑪恰美仁波切、釋論：堪布 卡塔仁波切	380 元
3	恆河大手印	原典：帝洛巴尊者、釋論：第十世桑傑年巴仁波切	380 元
4	放空	作者：堪布 慈囊仁波切	330 元
5	乾乾淨淨向前走	作者：堪布 卡塔仁波切	340 元
6	修心	作者：林谷祖古仁波切	330 元
8	除無明闇	原典：噶瑪巴旺秋多傑、講述：堪布 卡塔仁波切	340 元
9	恰美山居法 1	作者：噶瑪恰美仁波切、講述：堪布卡塔仁波切	420 元
10	薩惹哈道歌	根本頌：薩惹哈尊者、釋論：堪千 慈囊仁波切	380 元
12	恰美山居法 2	作者：噶瑪恰美仁波切、講述：堪布卡塔仁波切	430 元
13	恰美山居法 3	作者：噶瑪恰美仁波切、講述：堪布卡塔仁波切	450 元
14	赤裸直觀當下心	作者：第 37 世直貢澈贊法王	340 元
15	直指明光心	作者：堪布 竹清嘉措仁波切	420 元

17	恰美山居法 4	作者：噶瑪恰美仁波切、講述：堪布卡塔仁波切	440 元
18	願惑顯智：岡波巴大師大手印心要	作者：岡波巴大師、釋論：林谷祖谷仁波切	420 元
19	仁波切說二諦	原典：蔣貢康楚羅卓泰耶、釋論：堪布 竹清嘉措仁波切	360 元
20	沒事，我有定心丸	作者：邱陽．創巴仁波切	460 元
21	恰美山居法 5	作者：噶瑪恰美仁波切、講述：堪布卡塔仁波切	430 元
22	真好，我能放鬆了	作者：邱陽．創巴仁波切	430 元
23	就是這樣： ——《了義大手印祈願文》釋論	原典：第三世大寶法王噶瑪巴 讓炯多傑、 釋論：國師嘉察仁波切	360 元
24	不枉女身： ——佛經中，這些女人是這樣開悟的	作者： 了覺法師、了塵法師	480 元
25	痛快，我有智慧劍	作者：邱陽．創巴仁波切	430 元
26	心心相印，就是這個！ ——《恆河大手印》心要指引	作者：噶千仁波切	380 元
27	不怕，我有菩提心	作者：邱陽．創巴仁波切	390 元
28	恰美山居法 6	作者：噶瑪恰美仁波切、講述：堪布卡塔仁波切	430 元
29	如是，我能見真實	作者：邱陽．創巴仁波切	470 元
30	簡單，我有平常心	作者：邱陽．創巴仁波切	430 元
31	圓滿，我來到起點	作者：邱陽．創巴仁波切	390 元
32	國王之歌： ——薩惹哈尊者談大手印禪修	原典：薩惹哈尊者、釋論：堪千創古仁波切	390 元
33	那洛巴教你：邊工作，邊開悟	原典：那洛巴尊者、釋論：堪千創古仁波切	390 元
34	明明白白是自心	原典：達波札西南嘉、釋論：堪千創古仁波切	390 元
35	帝師的禮物：八思巴尊者傳記與教言	原典：八思巴尊者、釋論：第 41 任薩迦法王	390 元
36	恰美山居法 7	作者：噶瑪恰美仁波切、講述：堪布卡塔仁波切	430 元
37	禪定之王： ——《三摩地王經》精要釋論	作者：帕秋仁波切	350 元
禪修指引系列			
1	你是幸運的	作者：詠給．明就仁波切	360 元
2	請練習，好嗎？	作者：詠給．明就仁波切	350 元
3	為什麼看不見	作者：堪布竹清嘉措波切	360 元
4	動中修行	作者：創巴仁波切	280 元
5	自由的迷思	作者：創巴仁波切	340 元
6	座墊上昇起的繁星	作者：堪布 竹清嘉措仁波切	390 元
7	藏密氣功	作者：噶千仁波切	360 元
8	長老的禮物	作者：堪布 卡塔仁波切	380 元
9	醒了就好	作者：措尼仁波切	420 元
10	覺醒一瞬間	作者：措尼仁波切	390 元
11	別上鉤	作者：佩瑪．丘卓	290 元

12	帶自己回家	作者：詠給．明就仁波切 ／ 海倫特寇福	450 元
13	第一時間	作者：舒雅達	380 元
14	愛與微細身	作者：措尼仁波切	399 元
15	禪修的美好時光	作者：噶千仁波切	390 元
16	鍛鍊智慧身	作者：蘿絲泰勒金洲	350 元
17	自心伏藏	作者：詠給．明就仁波切	290 元
18	行腳：就仁波切努日返鄉紀實	作者：詠給．明就仁波切	480 元
19	中陰解脫門	作者：措尼仁波切	360 元
20	當蒲團遇見沙發	作者：奈久．威靈斯	390 元
21	動中正念	作者：邱陽．創巴仁波切	380 元
22	菩提心的滋味	作者：措尼仁波切	350 元
23	老和尚給你兩顆糖	作者：堪布卡塔仁波切	350 元
24	金剛語： ——大圓滿瑜伽士的竅訣指引	作者：祖古烏金仁波切	380 元
25	最富有的人	作者：邱陽．創巴仁波切	430 元
26	歸零，遇見真實	作者：詠給．明就仁波切	399 元
27	束縛中的自由	作者：阿德仁波切	360 元
28	先幸福，再開悟	作者：措尼仁波切	460 元
29	壯闊菩提路	作者：吉噶．康楚仁波切	350 元
30	臨終導引	作者：噶千仁波切	320 元
31	搶救一顆明珠： ——用一年，還原最珍貴的菩提心	作者：耶喜喇嘛、喇嘛梭巴仁波切	440 元
32	轉心向內。認出本覺	作者：普賢如來、慈怙 廣定大司徒仁波切	380 元
33	見心即見佛	作者：慈怙 廣定大司徒仁波切	380 元
34	城市秘密修行人： ——「現代瑜伽士」的修學指南	作者：堪布巴桑仁波切	360 元
35	成佛之路好風景： ——從修心到解脫的實修藍圖	作者：慈怙 廣定大司徒仁波切	380 元
36	認出心性，你就解脫！ ——措尼傳承與證悟的女性修行者	作者：伊喜娜娃（郭怡青）	370 元
37	給生命 120 道光： ——帶你穿越生命困境的智慧語錄	作者：蘇曼噶旺仁波切	360 元
密乘實修系列			
1	雪域達摩	英譯：大衛默克、喇嘛次仁旺都仁波切	440 元
儀軌實修系列			
1	金剛亥母實修法	作者：確戒仁波切	340 元
2	四加行，請享用	作者：確戒仁波切	340 元
3	我心即是白度母	作者：噶千仁波切	399 元

4	虔敬就是大手印	原作：第八世噶瑪巴 米覺多傑、講述：堪布 卡塔仁波切	340 元
5	第一護法：瑪哈嘎拉	作者：確戒仁波切	340 元
6	彌陀天法	原典：噶瑪恰美仁波切、釋義：堪布 卡塔仁波切	440 元
7	臨終寶典	作者：東杜法王	420 元
8	中陰與破瓦	作者：噶千仁波切	380 元
9	斷法	作者：天噶仁波切	350 元
10	噶舉第一本尊：勝樂金剛	作者：尼宗赤巴．敦珠確旺	350 元
11	上師相應法	原典：蔣貢康楚羅卓泰耶、講述：堪布噶瑪拉布	350 元
12	除障第一	作者：蓮師、秋吉林巴，頂果欽哲法王、祖古烏金仁波切等	390 元
13	守護	作者：第九世嘉華多康巴 康祖法王	380 元
14	空行母事業： ——證悟之路與利他事業的貴人	作者：蓮花生大士、秋吉德千林巴、蔣揚欽哲旺波、 祖古．烏金仁波切、鄔金督佳仁波切等	390 元
15	無畏面對死亡	作者：喇嘛梭巴仁波切	480 元
心靈環保系列			
1	看不見的大象	作者：約翰．潘柏璽	299 元
2	活哲學	作者：朱爾斯伊凡斯	450 元
大圓滿系列			
1	虹光身	作者：南開諾布法王	350 元
2	幻輪瑜伽	作者：南開諾布法王	480 元
3	無畏獅子吼	作者：紐修．堪仁波切	430 元
4	看著你的心	原典：巴楚仁波切、釋論：堪千 慈囊仁波切	350 元
5	椎擊三要	作者：噶千仁波切	399 元
6	貴人	作者：堪布丹巴達吉仁波切	380 元
7	立斷：祖古烏金仁波切直指本覺	作者：祖古烏金仁波切	430 元
8	我就是本尊	作者：蓮花生大士、頂果欽哲仁波切、祖古烏金仁波切等	440 元
9	你就是愛，不必外求： ——喚醒自心佛性的力量	作者：帕秋仁波切	390 元
10	本淨之心： ——自然學會「大圓滿」的無條件幸福	作者：鄔金秋旺仁波切	399 元
11	你的水燒開了沒？ ——認出心性的大圓滿之道	作者：寂天菩薩、蓮花生大士、祖古烏金仁波切等	450 元
12	拔出你的本覺之劍 ——本然大圓滿與金剛歌	作者：紐修堪布仁波切、舒雅達喇嘛	390 元
如法養生系列			
1	全心供養的美味	作者：陳宥憲	430 元
佛法與活法系列			
2	我的未來我決定	作者：邱陽．創巴仁波切	370 元
4	蓮師在尼泊爾	作者：蓮花生大士、拉瑟．洛扎瓦、賈恭．帕秋仁波切	390 元

6	薩迦成佛地圖	作者：第 41 任薩迦崔津法王	370 元
7	蓮師在印度	作者：蓮花生大士、拉瑟 · 洛扎瓦	430 元
不思議圖鑑系列			
1	王子翹家後	作者：菩提公園	360 元
2	福德與神通	作者：菩提公園	350 元